MILENA GABANELLI
SIMONA RAVIZZA

Codice rosso

Come la sanità pubblica
è diventata un affare privato

FUORI
SCENA

FUORI SCENA

© 2024 RCS MediaGroup S.p.A., Milano
Proprietà letteraria riservata

ISBN 979-12-225-0025-6
Prima edizione: ottobre 2024

FUORI SCENA

Raccontiamo quello che non si vede

Sommario

Questo libro   9

Un sistema in mano alle lobby   15
Tutto comincia dal medico di famiglia 17 – Quanto guadagna un medico di base 22 – La strada verso l'ambulatorio 25 – Tutto quello che non funziona 29 – La battaglia per le Case della Comunità 30 – L'occasione persa, il documento inedito 34 – Il cerchio si chiude, in nome del conflitto di interessi 38 – Come è andata a finire 40 – La longa manus delle farmacie 42

Eutanasia di una professione   49
L'allarme inascoltato 51 – Il caso dei medici a gettone 57 – Sicurezza a rischio 61 – Centomila turni in un anno 64 – Le contromisure del ministro Schillaci 67 – Quanto guadagnano davvero i medici ospedalieri? 69 – Caccia ai professionisti stranieri 73 – Un mare di chirurghi estetici, mentre gli ospedali si svuotano 79 – Il problema sottovalutato degli infermieri 83

La deriva delle scuole di specializzazione   91
Il falso problema del numero chiuso 93 – Le novità che non servono 98 – Il grande inganno 100 – Le scuole di

specializzazione «fuorilegge» 102 – Incredibile, ma vero 106 – Gli interessi in gioco 114 – I paradossi della formazione 115

La via crucis delle liste d'attesa   119

A Natale siamo tutti più sani 121 – I trucchi per nascondere i ritardi 127 – Code per tutti, ma non se paghi 132 – I prezzi: tariffario alla mano 136 – L'incubo delle prenotazioni 139 – Il «programma straordinario» del governo Meloni 142

Salute S.p.a.   149

Il business del mal di schiena 151 – Al privato gli interventi più redditizi, al pubblico tutto il resto 157 – La vergogna dei malati oncologici 162 – La spinta verso l'attività a pagamento 164 – L'illusione delle assicurazioni sanitarie 169 – Parola d'ordine: esternalizzare 175

Radiografia degli ospedali italiani   183

Che cosa succede negli ospedali 185 – Tempi di attesa degli interventi per tumori 189 – Durata del ricovero a parità di gravità 190 – L'eterna crisi dei Pronto soccorso 192 – Dove i punti nascita sono a rischio 197 – L'obsolescenza delle grandi apparecchiature 202 – L'età dei mammografi 205 – Risonanze magnetiche e Tac 208 – Attenzione alla radioterapia 209 – E ora che si fa? 210

Vecchi e abbandonati   213

Dimentico 215 – Il business sui vecchi 222 – Il caso Lombardia 225 – Un'assistenza scaricata sulle famiglie 231 – Che cosa fa la politica 233

Ringraziamenti   241

*Non puoi tornare indietro e cambiare l'inizio,
ma puoi iniziare dove sei e cambiare il finale.*
C.S. Lewis

I dati qui pubblicati sono aggiornati al 30 settembre 2024, giorno in cui questo libro va in stampa.

Questo libro

La prima volta è stata più o meno venticinque anni fa, quando (io, Milena) lavoravo a *Report* e con i miei colleghi abbiamo cominciato a indagare su quello che ancora era il sistema sanitario che tutto il mondo ci invidiava. I segnali di una deriva si stavano già innescando. Fu in quel momento che mi avvicinai alla preghiera: «Speriamo che non mi succeda mai nulla di grave». A Simona (che ha vent'anni meno di me) è capitato ora, con la stesura di questo libro. La raccolta dei dati e la verifica dei fatti è avanzata insieme a uno sgomento che, non trovando sufficiente conforto nella fede, ha sviluppato in entrambe la convinzione di avere i sintomi di tutte le malattie. Salvo l'ipocondria.

Andava ancora alle scuole medie quando ha deciso cosa avrebbe fatto da grande. Una mattina presto gli erano piombati in casa in tre, e avevano portato via il nonno caricato su una barella. Pensava di non rivederlo più. Un mese dopo, invece, era rientrato a casa: gli avevano «sistemato i tubi» ed era tornato nel suo negozio, che avrebbe mandato avanti per altri vent'anni. Aveva promesso a sé stesso: «Farò il medico per salvare la vita delle persone!».

Si è fatto sei anni alla facoltà di Medicina e altri cinque di specialità in Emergenza Urgenza. Da sedici anni lavora al Pronto soccorso di un grande ospedale di Bologna: almeno sei ore al giorno, che diventano dodici quando fa il turno di notte e i festivi. Non sa nemmeno più se è lì per salvare vite o per smistare mal di pancia, influenze e congiuntiviti. In reparto entra di tutto, perché è saltato il filtro del medico di base; in più è diventato il parcheggio dei malati sulle barelle in attesa di ricovero, perché nell'ospedale non hanno abbastanza posti letto. Ma il numero di medici è sempre quello: troppo pochi a dividersi tra emergenze, codici bianchi, verdi, accessi impropri e assistenza ai «parcheggiati». È il luogo dove il medico si prende regolarmente più insulti ed è maggiormente esposto al rischio di denunce. Tutto questo per circa 4000 euro netti al mese dopo oltre quindici anni di anzianità, inclusi gli straordinari e gli ultimi aumenti. La libera professione non è prevista: quando c'è un'urgenza mica si va dallo specialista, si va al Pronto soccorso! Infatti, un centinaio di medici ogni mese fugge da questi reparti verso destinazioni economicamente più gratificanti, mentre tanti posti disponibili nei bandi restano scoperti.

Sbagliare la programmazione, mortificare, non incentivare. Tre attività in cui i gestori della sanità pubblica eccellono.

Due parole sul metodo che abbiamo seguito: il punto di partenza è stato il lavoro di indagine dei nostri numerosi *Dataroom* pubblicati negli ultimi cinque anni sulle pagine del «Corriere della Sera»; da lì siamo scese più in profondità, attraverso un'analisi aggiornata dei dati, delle delibere, delle relazioni, incluse quelle secretate e quelle rimaste blindate nei cassetti dei ministeri. Un'immensa mole di documenti che andava capita e interpretata, per spiegare dove originano le falle che stanno via via sgretolando l'intero sistema sanitario. È stato come digerire un elefante.

Non cadremo nella tentazione di semplificare fenomeni complessi, questo lo fanno già i ministri di turno: «Mancano i medici? Togliamo il numero chiuso a Medicina e tutto si risolve!». Proviamo a guardare indietro: il numero chiuso è stato introdotto alla fine degli anni Novanta, cosa è successo da allora? Ogni anno, su mille laureati in Medicina, duecentosessanta non entreranno mai negli ospedali perché vengono finanziati troppo pochi accessi alle scuole di specialità. Allora è colpa del numero chiuso o del fatto che si è risparmiato sulla formazione? Se poi su mille ospedalieri che vanno in pensione programmi seicentocinquanta nuovi ingressi, la colpa di chi è? Adesso c'è la corsa ad aumentare il numero di borse di studio, ma senza incentivare le specialità nelle quali mancano medici. Così, in futuro avremo formato tanti dottori che si fionderanno nel grande affare della sanità privata. Aprono ambulatori anche di fianco ai supermercati. Più aumenta l'offerta, più si crea il bisogno sanitario e più le liste d'attesa si allungano. Va considerato poi il ruolo dell'intelligenza artificiale, tanto straordinario se usato con coscienza, quanto osceno se utilizzato per mappare gli ipocondriaci per cui costruire pacchetti continui di esami ad hoc. Sta già avvenendo. Intercetteranno anche noi, che a furia di setacciare reparti ci siamo convinte di avere i sintomi di qualunque cosa?

Avete mai incontrato un dottore che vi ha detto: «Qual è il tuo stile di vita? Cosa mangi e in quale quantità? Se non stai attento potrà succederti questo o quest'altro, perché il corpo è come un motore: dipende soprattutto dal carburante che ci metti dentro». È previsto questo tipo di formazione nei corsi di Medicina? No. Eppure, è la sola prevenzione di base che non ha costi! Ma il cittadino è prima di tutto un consumatore, lo sanno bene i maghi del marketing: un prodotto si vende meglio se è veicolato da un messaggio legato alla prevenzione: «L'acqua che cura le tue ossa»; «Questo va bene per i trigliceridi; ma anche per il colesterolo». Le campagne pubblicitarie a tappeto a volte sono persino accompagnate dal marchio di qualche associazione medica di categoria, a partire da quella dei gastroenterologi ospedalieri su una nota marca di acqua minerale. Ma basta entrare in una farmacia e guardare cosa è esposto sugli scaffali: ti viene subito voglia di fare l'esame del capello, o di portarti a casa (a peso d'oro) qualche scatola di integratori che nessuno ti ha prescritto. Infatti, è una spesa raramente detraibile.

Dunque, il primo anello della catena sono i medici di famiglia: considerati categoria di serie B, sono diventati perlopiù prescrittori di visite, esami, farmaci, e adesso, da liberi professionisti convenzionati con il Servizio sanitario nazionale, si stanno organizzando per fornire prestazioni a pagamento. Il modello è quello rodato della sanità privata convenzionata, che dovrebbe spartirsi il carico di lavoro con le strutture pubbliche. Ma la sanità è materia di competenza delle Regioni: governatore che vai, assessore che trovi, e direttori generali che nomini. La connivenza pubblico-privato è fatta di coincidenze di interessi: tu mi porti i voti e io ti accredito. Poi tu fai quello che ti pare, e io nelle mie Asl piazzo i direttori più fedeli, non necessariamente quelli più competenti. Poi annego gli ospedali nella burocrazia, in modo che tutto torni. Sulla carta. Dalla parte del privato accreditato l'obiettivo è invece il profitto, e i medici sono pagati a fatturato. Di conseguenza, la scelta cade quasi sempre sulle prestazioni meglio rimborsate dal Servizio sanitario nazionale. Le liste d'attesa, poi, è meglio se non si snelliscono, così più pazienti sceglieranno di pagare di tasca propria.

Anche i cittadini ci mettono del loro: «Se paghi non devi aspettare dei mesi per una visita». È vero, i soldi aiutano, ma dipende da quale problema hai. La via privata per le cure oncologiche, per esempio, è piuttosto stretta, anche per il milionario. E cosa facciamo con chi fa già fatica a tirare fine mese? Fare una mammografia in libera professione costa 200 euro, una risonanza magnetica arriva anche a 350, mentre lo stipendio medio italiano è di 1700 euro al mese. Fate due conti. Ed ecco che arrivano in soccorso le assicurazioni. Sempre per chi se le può permettere. La più diffusa viene spesso offerta dal datore di lavoro al posto dell'aumento di stipendio, ma la copertura è minima, il resto ce lo metti tu, e scade il giorno che vai in pensione. Se l'assicurazione te la fai privatamente, è bene sapere che le compagnie più quotate ti buttano fuori al compimento dei settantacinque anni. Proprio quando ne avresti più bisogno. Conoscete molti over ottanta che se la cavano bene da soli senza bisogno di nessun aiuto? I numeri raccolti mostrano che il passare degli anni non porta esattamente vantaggi. Cosa succede a questa umanità dolente? Una riforma attesa dall'inizio degli anni Novanta ha partorito un topolino. Invece la speculazione su larga scala avanza, anche sugli ultimi anni degli anziani malati.

I vasi comunicanti della sanità pubblica non comunicano più tra loro. Ma non è un processo irreversibile, se i cittadini decidono, con il loro voto, che il diritto a un'assistenza degna di questo nome, quello sancito dall'art. 32 della Costituzione, deve tornare in cima alle priorità dell'agenda politica, con decisioni mirate a riallineare tutti gli ingranaggi del sistema. Perché quando un meccanismo è fuori bolla non ce n'è per nessuno, nemmeno per coloro che pensano di sistemare velocemente i loro problemi pagando di tasca propria. La prova la troverete nel capitolo 6 di questo libro, insieme all'elenco delle strutture con un indice di performance da bollino rosso e con apparecchiature per esami diagnostici obsolete e dannose. Informazioni che il paziente, anche se pagante, non conosce.

Un sistema in mano alle lobby

Sono un medico di famiglia quarantenne, con 1800 assistiti, e vorrei solo poter lavorare nel loro interesse. Invece succede, per esempio, che io compili sempre la cartella clinica informatica dei miei pazienti, ma se poi loro vanno in ospedale, i medici che li prendono in carico non riescono a leggerla, perché i due software non comunicano. Per lo stesso motivo, non riesco a mia volta a vedere i referti ospedalieri. Ho l'elettrocardiografo per fare l'elettrocardiogramma, ma me lo sono dovuto pagare di tasca mia, 800 euro, a cui va aggiunto il costo di dodici elettrodi a esame. Ovviamente mi sono dovuto pagare anche i corsi di formazione, perché durante i tre anni per diventare medico di Medicina generale nessuno mi ha mai insegnato a usarlo. All'ecografo e allo spirometro ho rinunciato: costerebbe troppo! Non ho l'infermiere né la segretaria: gli incentivi previsti sono una miseria. Alcuni dei miei colleghi vanno a cercarseli nelle cooperative, che forniscono queste figure professionali con costi al ribasso, così ci fanno a loro volta la cresta. Dovrei fare quindici ore a settimana, in realtà in ambulatorio ci vivo quasi, perché di fatto ci siamo trasformati in scribacchini. I pazienti fanno richieste continue di certificati di malattia, ricette per esami, visite specialistiche, prescrizioni di farmaci, e noi eseguiamo. Se continua così, finirà che, per sapere come stanno, i cittadini preferiranno andarsene in farmacia, dove se paghi gli esami di base te li fanno direttamente, per poi però venderti anche i farmaci! Dal sindacato sono uscito anni fa: porta avanti battaglie solo nell'interesse di chi prende i gettoni dei consigli di amministrazione, primo tra tutti quello dell'Enpam (Ente nazionale previdenza e assistenza del personale medico, nda*), che è la nostra cassa pensione. Con i politici ci vanno a cena: «Volete i nostri voti? Allora lasciate le cose come stanno». Ragionano così. A me interesserebbe invece capire che cosa davvero dovrei andare a fare nelle Case della Comunità, previste dalla nuova normativa per rinforzare la medicina territoriale. Mi interesserebbe capire chi mi pagherà la benzina, se e quando ci dovrò andare. Con i costi dell'affitto dell'ambulatorio e quelli della corrente elettrica, che sono a mio carico, a cui vanno aggiunti i contributi all'Enpam e le tasse, per avere uno stipendio decente vado a fare anche assistenza medica in occasione di gare ed eventi sportivi. Arrotondo, come tutti. La nostra professione deve essere rivista completamente, con regole nuove e più chiare. Il momento è adesso.*

1

Tutto comincia dal medico di famiglia

Il Servizio sanitario nazionale si regge sulla figura del medico di base: è lui il *gatekeeper* (il piantone) da cui ciascun paziente deve transitare per ogni necessità. È lui che autorizza qualunque prestazione sanitaria, dalle ricette per i farmaci alle prescrizioni di analisi o esami. È dunque lui che deve individuare e curare i disturbi di lieve entità, che non necessitano di una visita specialistica né di un passaggio al Pronto soccorso.

Siamo a Roma, è il 21 ottobre 2023. Nel corso di una riunione della Federazione italiana medici di medicina generale (Fimmg), che riunisce il 63 percento dei professionisti tesserati, il segretario provinciale e vicesegretario nazionale Pier Luigi Bartoletti prende la parola: «È chiaro che qualcosa va rivisto, perché vai da qualche collega e trovi il lettino con sopra i libri». È evidente che se il lettino è diventato un piano d'appoggio vuol dire che non lo usi per farci sdraiare i pazienti. Chi ricorda di essere stato visitato dal proprio medico di famiglia? Si contano sulle dita di una mano. In realtà la sua principale occupazione, di fatto, è quella di compilare carte, prescrivere esami, farmaci, e mandarti da uno specialista. «Evviva» vien da dire, finalmente anche il più importante sindacato dei medici di medicina generale arriva ad ammettere che il modo in cui oggi siamo assistiti non funziona. Un cambio di impostazione è una necessità urgente. Siamo arrivati al capolinea. Il vicesegretario Bartoletti ha le idee chiare, ma lo scenario che va a illustrare è tutt'altro che desiderabile.

Non è in discussione la professionalità dei singoli medici né tantomeno la volontà di andare incontro alle necessità dei loro pazienti. Tuttavia, i limiti dell'assistenza territoriale, così com'è strutturata oggi, rasentano la crudeltà. Per cominciare, gli ambulatori sono aperti cinque ore settimanali, nel caso in cui i pazienti non superino i 500, e quindici ore se invece il numero arriva a 1500. C'è chi apre a giorni alterni solo al mattino, oppure nel pomeriggio, e raramente per più di quattro ore. C'è chi inizia a lavorare alle 9 e chiude alle 12, chi apre alle 16 e va avanti fino alle 19. Abbiamo sperimentato tutti, in particolare chi ha un lavoro a tempo pieno e figli a cui badare, la difficoltà di presentarsi dal proprio medico di base entro una fascia oraria ristrettissima, sapendo anche che i tempi di attesa saranno lunghi, proprio perché i pazienti si affollano nelle brevi finestre di apertura dell'ambulatorio. Questo succede in città, perché chi abita nei paesi di collina o in montagna può anche dover fare una ventina di chilometri prima di trovare uno studio medico. Da quell'ambulatorio, poi, si esce quasi sempre senza essere stati visitati, ma con in mano la prescrizione di un esame o una visita per i quali si dovrà aspettare qualche mese in lista d'attesa. L'alternativa è una sola: pagarseli di tasca propria. E siccome il medico è diventato un «prescrittore», dilaga il fai da te; quindi altrettanto spesso in quell'ambulatorio ci si reca solo per chiedere direttamente la ricetta di un farmaco o di un esame. Che il medico di norma compila.

Pensiamo un momento a come potrebbe migliorare la nostra vita se il medico di base avesse a disposizione un elettrocardiografo e se fosse anche capace di usarlo. Un paziente con una patologia cronica cardiovascolare, per esempio, potrebbe essere monitorato direttamente nello studio del proprio dottore e recarsi dallo specialista esclusivamente in caso di criticità. Se poi il medico di base disponesse anche di un ecografo, potrebbe per esempio valutare direttamente la presenza di un calcolo e avviare la terapia, invece che prescrivere a un paziente con sospetta colica renale un semplice antidolorifico e mandarlo altrove a fare la visita specialistica (con i noti tempi di attesa). Al proprio paziente iperteso, inoltre, potrebbe evitare la trafila da un cardiologo, se solo avesse il tempo di fargli qualche domanda: abitudini alimentari, tipo di lavoro, patologie familiari.

Sembrano tutte cose ovvie, e la soluzione pare a portata di mano. Invece, nel suo discorso il numero due della Fimmg non fa riferimento a nessuno di questi argomenti. Non se ne cura proprio. Certo, il sindacalista Bartoletti sottolinea la necessità che i colleghi si dotino di ecografi, spirometri ed elettrocardiografi, in modo da poter eseguire gli esami di primo livello nei propri ambulatori, evitando così ai pazienti penose liste d'attesa e limitando l'ingolfamento degli ospedali, ma lo fa per altre ragioni. A convincerlo non è infatti il desiderio di assistere meglio i pazienti attraverso il Servizio sanitario nazionale, bensì quello di guadagnare di più con visite ed esami a pagamento, anche grazie al fatto che chi riceve l'assistenza magari ha una polizza sanitaria.

«È chiaro che qualcosa va rivisto, perché è nostro interesse rivederlo» continua, tra gli applausi dei colleghi. «Io mi aspetto di guadagnare molto di più da questo. Sul mercato privato, che si aprirà sicuramente nei prossimi due anni, tutti abbiamo capito come funziona. I 40 miliardi di *out of pocket* (il valore di mercato di visite, esami, eccetera a pagamento, *nda*) sono 40 miliardi: noi dobbiamo essere in condizione di aggredire quella fascia di mercato, il che significa portare *mooolte* risorse nel nostro stipendio. Ma, per farlo, devi essere attrattivo per quel mercato, e lo sei non se fai ricette, ma se fai prestazioni sanitarie di primo livello a tariffe alle quali siamo abituati a ragionare: se io chiedo a questi qua (verosimilmente i fondi assicurativi, *nda*) "Mi dai 150 euro a paziente (...)", mi domandano "Lo studio tuo che fa?"; "Ce l'hai l'ecografo?". Se fai solo ricette non interessi. Se fai prestazioni di primo livello, sì! Fate una riflessione. Cominciamo a ragionarci. Altrimenti ti ritrovi come un deficiente...»

Molti anni fa, Thomas Edison, uno dei più grandi inventori della storia, auspicava che il medico del futuro non avrebbe prescritto farmaci, ma avrebbe motivato i suoi pazienti a prevenire le malattie e ad aver cura del proprio corpo con una migliore alimentazione. Il futuro ha invece archiviato la figura del professionista che ascolta i propri pazienti, conserva e aggiorna la cartella con la loro storia clinica, proprio perché la visione d'insieme consente di curare limitando l'accesso al Pronto soccorso e alle visite specialistiche, quando non strettamente necessarie. E questa ridotta capacità di offrire nel proprio ambulatorio un'adeguata gamma di prestazioni, seguendo criteri di priorità ragionevoli, è una delle cause principali del malfunzionamento del Servizio sanitario nazionale.

Mentre il Paese si misura con finanziamenti sistematicamente insufficienti, con la carenza di specialisti ospedalieri in settori come Medicina d'urgenza o Chirurgia, e con liste d'attesa che spingono sempre più spesso i cittadini a pagare di tasca propria in media cinque visite e tre esami diagnostici su dieci (quelli che possono permetterselo), il medico di famiglia è sostanzialmente incapace di fornire il servizio cruciale di regolatore dell'accesso alle prestazioni sanitarie.

Ora che gli argini sono da ripristinare, il compito di effettuare determinati esami e controlli, prescrivendo poi le terapie necessarie a curare disturbi di lieve entità, dovrebbe avvenire in sostegno al servizio pubblico, e non sotto forma di speculazione privata per guadagnare più soldi. Evidentemente, però, il sindacato dei medici di medicina generale non la pensa così, almeno nelle figure apicali che lo rappresentano.

Si chiama «Pronto soccorso» perché è un luogo riservato alle emergenze: incidenti, infarti, ictus, e tutte quelle situazioni dove la rapidità dell'intervento può salvare la vita o evitare una disabilità. Ma se i Pronto soccorso si riempiono di codici bianchi e verdi, questa immediatezza è impossibile da garantire. E in futuro, con una popolazione sempre più anziana e affetta da patologie croniche, andrà ancora peggio. Basta leggere i dati Agenas, l'Agenzia nazionale per i servizi sanitari regionali, del 2023: su 18,5 milioni di accessi al Pronto soccorso (più 7 percento rispetto al 2022), 12,4 milioni sono codici bianchi e verdi, dei quali almeno 4 milioni impropri, ovvero «senza la presenza di alcun trauma, giunti in Pronto soccorso prevalentemente in modo autonomo con dimissione al domicilio». Nell'88 percento dei casi non segue un ricovero. Numeri che testimoniano tre dati di fatto. Il primo: esplosione della spesa sanitaria pubblica. Il secondo: spesa evitabile se il medico di famiglia svolgesse il suo ruolo di filtro. Il terzo: rottura del rapporto medico di famiglia-paziente, al punto da preferire il calvario di interminabili ore in sale d'attesa in Pronto soccorso ormai diventati dei lazzaretti. Da tempo è chiaro a tutti che per migliorare la qualità dell'assistenza e abbassare le spese totali per il Servizio sanitario nazionale occorre potenziare la medicina territoriale. E allora perché non si fa?

Quanto guadagna un medico di base

Per regolare il rapporto dei medici di famiglia con il Servizio sanitario nazionale, la legge istitutiva ha previsto due opzioni: assumerli come dipendenti, oppure trasformarli in liberi professionisti convenzionati. La scelta è caduta sulla libera professione in convenzione. Vuol dire che il medico di famiglia è un lavoratore autonomo e pertanto può organizzarsi tempo e modalità di lavoro come meglio crede. I servizi che deve garantire ai pazienti, e che il Servizio sanitario paga, sono il risultato di una contrattazione che avviene attraverso i cosiddetti Accordi collettivi triennali sottoscritti dalle loro rappresentanze sindacali. Il medico di famiglia, al contrario degli ospedalieri, non è obbligato a rispettare ordini di servizio non previsti dagli accordi.

Le visite domiciliari, se richieste entro le 10 del mattino, devono essere eseguite nel corso della stessa giornata, altrimenti entro le 12 del giorno successivo. L'organizzazione delle ore di lavoro spetta poi al singolo dottore o studio medico. I contratti nazionali non definiscono mai nei dettagli quali sono le cure primarie che devono essere garantite, quindi ogni prestazione aggiuntiva dev'essere ulteriormente quantificata e retribuita. Molto è rimandato agli Accordi integrativi regionali, che contengono enormi differenze da una Regione all'altra.

Per questo, il reddito medio di un medico di famiglia è estremamente complesso da ricostruire, essendo composto da voci fisse e variabili che cambiano a seconda della collocazione geografica. La parte fissa della sua busta paga è la cosiddetta «quota capitaria», composta dalla somma di 3,51 euro al mese per ogni paziente in carico, e il numero massimo non può superare i 1500, anche se ci sono dottori che arrivano a 1800 vista la penuria di professionisti in alcune zone. Per ogni paziente over settantacinque c'è un extra di 2,59 euro al mese, mentre se ha meno di quattordici anni l'extra mensile è di 1,57 euro. Per i primi 500 assistiti il dottore riceve altri 1,12 euro in più. Poi ci sono le indennità: ogni tipo di prestazione che contratta produce nuove entrate. Una vaccinazione antinfluenzale vale 6,16 euro; l'assistenza domiciliare a chi non riesce a camminare genera 18,90 euro a visita; la sutura di una ferita superficiale produce 3,32 euro; una medicazione va da 12,32 a 6,16 euro, a seconda che sia la prima o quelle successive; la rimozione dei punti vale 12,32 euro. Infine, i rimborsi: un medico di famiglia che lavora in gruppo viene incentivato con 1,04 euro al mese in più a paziente, 29 centesimi per chi ha la segretaria, 33 centesimi per chi ha l'infermiere. Se poi il nostro dottore riesce a centrare gli obiettivi di cura forniti dalla sua Regione (per esempio, svolgere una serie specifica di controlli su un determinato numero di pazienti diabetici), è previsto un ulteriore pagamento. Ogni attività ha un ritorno economico preciso e regolato da specifiche disposizioni tabellari locali. Solo incrociando tutti questi elementi possiamo risalire a quanto guadagna davvero un medico di famiglia.

L'Ente nazionale di previdenza e assistenza medici, che esamina le dichiarazioni dei redditi dei singoli professionisti per il calcolo dei contributi pensionistici, nel suo annuario statistico 2022 fissa il reddito medio pro capite a 107.270 euro lordi annui. Le regioni dove si guadagna di più sono il Trentino-Alto Adige, con una media di 124.000 euro, seguito dal Veneto, con 121.643, e dall'Emilia-Romagna, con 117.839. Seguono Puglia e Campania, con 116.487 e 116.133 euro, quindi Friuli-Venezia, Giulia, con 114.000 euro, Piemonte, con 111.800. Più in basso in classifica la Lombardia, con 98.350 euro, la Calabria, con 94.370, la Liguria, con 93.891 euro, e l'Umbria, con 92.464 euro.

Da questi importi vanno tolte le tasse, i contributi e le spese di gestione dello studio. Va anche sottolineato, però, che i medici di Medicina generale possono alzare il loro stipendio. Su Doctor33, il portale d'informazione riservato ai medici, lo stesso vicepresidente Enpam Luigi Galvano ammette: «In Lombardia mi risultano numerosi medici convenzionati che integrano il reddito e svolgono attività libero professionali: essendo una regione ricca, il paziente tende a ricorrere alla spesa privata spendendo di tasca propria».

La strada verso l'ambulatorio

Come si diventa medici di famiglia? In Italia il percorso di studi non è riconosciuto come specializzazione universitaria: dopo la laurea in Medicina e un corso di formazione in Medicina generale della durata di tre anni, si hanno le carte in regola per diventare liberi professionisti convenzionati con il Servizio sanitario nazionale.

La gestione del programma didattico triennale post-laurea è formalmente in mano alle Regioni e non prevede standard di apprendimento univoci a livello nazionale. Ogni Regione decide come organizzare i corsi, che possono passare attraverso centri regionali di formazione per le cure primarie (Friuli-Venezia Giulia), enti regionali (Lombardia), fondazioni (Veneto), aziende sanitarie (Emilia-Romagna, Lazio, Liguria, Piemonte, Sardegna, Valle d'Aosta), laboratori regionali per la formazione sanitaria (Toscana). In ognuno di questi casi, a coordinare e svolgere le attività teoriche e pratiche sono previsti una direzione, un comitato tecnico-scientifico e una serie di coordinatori territoriali.

Il criterio nella scelta dei formatori per preparare i futuri medici di famiglia a rispondere ai bisogni della popolazione dovrebbe basarsi su fattori come competenza, capacità ed esperienza. Purtroppo avviene l'esatto contrario. Nella quasi totalità dei casi, fatto unico in Europa, i docenti hanno ruoli di rilievo nei sindacati medici, la già citata Fimmg, lo Snami (il Sindacato nazionale autonomo medici italiani, che raccoglie il 19 percento dei medici iscritti a un'organizzazione sindacale) c la Simg (Società italiana di medicina generale e delle cure primarie), fondata nel 1982 a Firenze proprio per valorizzare il ruolo dei medici di base. Ai vertici di quest'ultima, siede ininterrottamente da oltre trent'anni l'ematologo fiorentino Claudio Cricelli, presidente esecutivo dal 1998 e presidente emerito dal gennaio 2024. Lo stesso Cricelli promuove l'informatizzazione degli studi dei medici di famiglia con la vendita dei software per la Medicina generale attraverso la società Millennium. Con il collega del «Corriere della Sera» Mario Gerevini, abbiamo ricostruito che dal 2004 al 2013 è stato lui stesso il presidente della società. Nel 2006, Millennium entra a far parte del Gruppo Dedalus e Cricelli diventa presidente del Cda di Dedalus, dove resta fino all'aprile del 2022, quando si dimette dopo l'assemblea di bilancio. Millennium è oggi la società leader in Italia nel campo dei software per i medici di famiglia. Nel consiglio di amministrazione siede Iacopo Cricelli, figlio dell'ematologo ai vertici della Simg.

La differenza con il resto d'Europa è quantomeno imbarazzante. Negli altri Paesi, infatti, i corsi di formazione in Medicina generale sono equiparabili alle altre specializzazioni universitarie. Un'analisi del C.R.E.A. Sanità (Centro per la ricerca economica applicata in Sanità), il cui team opera da oltre vent'anni all'interno dell'Università di Tor Vergata a Roma, descrive con precisione il quadro europeo. Il confronto con il nostro Paese è impietoso. In Germania, il programma di formazione in Medicina generale dura cinque anni, durante i quali i medici lavorano come assistenti e sono stipendiati. Le associazioni mediche regionali sono responsabili del contenuto e della struttura della formazione. Sono previsti tre anni obbligatori di tirocinio in ospedale, di cui due nei reparti di Medicina interna, ai quali vanno ad aggiungersi le rotazioni in Chirurgia generale, Pediatria, Ostetricia e Ginecologia, e nelle altre specialità. I successivi due anni sono dedicati alla Medicina generale e sono svolti negli studi di medici di famiglia esperti che rivestono il ruolo di tutor. In Francia, invece, il programma formativo di tre anni (Internat) prevede oltre duecento ore di lezioni teoriche e vari tirocini semestrali: tre semestri in ospedale, uno in un reparto generalista (per esempio, Medicina interna, Geriatria, eccetera), uno in Medicina d'urgenza e uno in Pediatria, Ostetricia e Ginecologia. In Spagna, la durata della specialità in Medicina generale è di quattro anni e, anche qui, i tirocinanti devono fare rotazioni ospedaliere in Medicina interna e altri reparti medici e chirurgici per la durata complessiva di circa diciotto mesi.

Quello dell'Italia, dunque, è un caso a sé. Il diploma di formazione specifica in Medicina generale si ottiene frequentando un corso postlaurea composto da 1600 ore di teoria e 3200 di pratica, da svolgersi in ospedale e negli ambulatori dei medici di famiglia. Il programma delle attività è regolato da norme risalenti a diciotto anni fa e, di fatto, non insegna neppure a utilizzare le apparecchiature per gli esami di primo livello (spirometri, Ecg, ecografi, eccetera). La retribuzione avviene attraverso borse di studio erogate dal ministero della Salute di circa 11.500 euro l'anno (cioè 966 euro al mese), con Irpef e contributi a carico. Una cifra ben diversa dalla borsa di studio degli specializzandi ospedalieri, che è di 26.000 euro l'anno, contributi inclusi e senza Irpef. Questo dato può essere considerato già di per sé indice della scarsa considerazione di cui gode il medico di famiglia nel nostro Paese. Dal 2018, i medici di base in formazione possono lavorare in ambulatorio con pazienti propri e dal 2020, per le 3200 ore di formazione pratica, è considerato valido il periodo di lavoro ambulatoriale, che viene svolto, di fatto, senza alcuna supervisione.

A sorvegliare sull'attività generale dei medici c'è un organismo indipendente, l'Ordine dei medici. Per dare la misura del conflitto di interessi che contraddistingue il settore, possiamo citare il caso di Roberto Carlo Rossi, presidente sia dell'Ordine dei medici di Milano, sia del sindacato Snami Lombardia e, al contempo, docente nei corsi di formazione triennale di Medicina generale. L'estrema sintesi è che in Italia sono i sindacati a formare i medici di famiglia, durante un corso triennale mal retribuito e con un programma spesso vecchio e scadente. In quei tre anni la maggiore preoccupazione dei formatori è quella di arruolare i giovani neo-medici all'interno del sindacato. In questo modo, forti della rappresentanza che ottengono, vanno a trattare con il governo i contratti collettivi.

Ecco perché la medicina di base è diventata una zona grigia dove da una parte ci sono semplici compilatori di carte, dall'altra professionisti che, pur cercando di assistere i pazienti al meglio delle loro possibilità, sono limitati da un sistema poco trasparente e intriso di conflitti di interesse. Una lobby di potere che, come vedremo, riesce a tenere in scacco anche la politica.

Tutto quello che non funziona

La medicina di famiglia va ridisegnata e oggi finalmente si presenta l'occasione, dal momento che ci attende il più grande ricambio generazionale da cinquant'anni a questa parte. Dal 2024 al 2030, infatti, su circa 40.000 medici di famiglia in servizio, 12.600 andranno in pensione: in sostanza, più di uno su quattro. Nello stesso periodo, si stima che ne entreranno nel mondo del lavoro solo 10.714, il che significa, ancora una volta, che gli ingressi non copriranno le uscite. Già adesso ogni medico di Medicina generale ha in carico in media 1300 pazienti, contro i 1171 di dieci anni fa. Sarebbe dunque il caso di affrontare la questione con urgenza, investendo su una professione che, come abbiamo detto, è il primo filtro all'intasamento dei Pronto soccorso e che da anni è colpevolmente svalutata.

Per prima cosa, i giovani laureandi andrebbero invogliati a diventare medici di famiglia, cosa che oggi non accade. Durante i sei anni di università, il 78 percento degli studenti in Medicina non ha neppure l'opportunità di conoscere l'attività dello specialista di Medicina generale, perché gli atenei non prevedono lezioni o tirocini mirati. Quando terminano gli studi universitari, poi, andrebbe promossa una formazione sul modello europeo ed eliminate le differenze di retribuzione tra chi frequenta il corso triennale di formazione per diventare medico di famiglia e chi invece sceglie una scuola di specializzazione per diventare chirurgo, cardiologo, ortopedico e così via. I numeri dimostrano che più aumentano i posti nelle scuole di specializzazione, meno candidati ci sono al corso di formazione triennale per diventare medico di Medicina generale.

Una volta che il medico di famiglia entra nel proprio ambulatorio, poi, dovrebbe essere messo nelle condizioni di offrire ai pazienti prestazioni in linea con i loro bisogni. A tal fine, con la legge di Bilancio del 2020 sono stati stanziati 235 milioni di euro per dotare gli ambulatori di ecografi, spirometri ed elettrocardiografi, in modo da permettere loro di eseguire gli esami di primo livello. Nulla è stato acquistato. Ci sono alcuni medici di famiglia che si sono mossi in proprio e già fanno la cosiddetta diagnostica di primo livello, ma sono un'eccezione. È evidente che fare esami all'interno del proprio ambulatorio richiede nuove competenze, e questo si scontra con la resistenza dei medici più anziani, che sostengono di non sapere usare questi strumenti e difficilmente hanno intenzione di imparare. Al contrario, il 70 percento dei giovani medici ritiene importante poter eseguire questi esami. Siamo dunque a un bivio: queste visite, essenziali per riequilibrare il primo miglio sanitario, devono essere eseguite, ma senza pesare sulle tasche dei pazienti.

La battaglia per le Case della Comunità

A maggio 2021 viene inviato a Bruxelles il piano per spendere i 7 miliardi di euro messi a disposizione dal Piano nazionale di ripresa e resilienza (Pnrr) per sostenere gli Stati membri colpiti dalla pandemia, da utilizzare in cinque anni per cambiare il modello della sanità italiana. Sono messi a budget 2 miliardi di euro per dare ai cittadini un punto di riferimento a cui rivolgersi per le prime necessità, senza intasare inutilmente i Pronto soccorso. Il progetto prevede la costruzione di 1350 Case della Comunità, una ogni 40-50.000 abitanti, con il vincolo a ultimarle entro il mese di giugno del 2026. Di che cosa si tratta? Le Case della Comunità sono strutture pubbliche che riuniscono al loro interno medici di famiglia, pediatri, ostetrici, uno psicologo, infermieri, un assistente sociale, un numero variabile che va da cinque a otto figure socio-sanitarie e amministrative. Queste strutture, attrezzate di punto prelievi, macchinari diagnostici per gli esami, infrastrutture informatiche, e con un team multidisciplinare, devono offrire assistenza ai cittadini tutti i giorni, dalle 8 alle 20. Il servizio notturno è inoltre garantito dalla presenza della guardia medica.

Già in passato si sono tentate riforme simili: con le «Linee del programma di governo per la promozione ed equità della salute dei cittadini» del giugno 2006, l'allora ministra della Salute Livia Turco voleva realizzare «un nuovo progetto di medicina del territorio attraverso la promozione della Casa della Salute», una «struttura polivalente e funzionale in grado di erogare materialmente l'insieme delle cure primarie e di garantire la continuità assistenziale con l'ospedale». Le Case della Salute decollano soprattutto in Emilia-Romagna, per il resto il progetto si arena, sia per l'indisponibilità dei medici di famiglia ad andare a lavorare dentro queste nuove strutture, sia perché ogni Regione vuol fare a modo suo. La differenza del nuovo piano delle Case della Comunità è che i soldi arrivano dall'Europa (in parte a fondo perduto e in parte sotto forma di prestito a interesse agevolato), e quindi è il governo a imporre alle Regioni la tabella di marcia, gli obiettivi da raggiungere e il controllo sui risultati. Ogni Regione è chiamata a firmare un «contratto istituzionale di sviluppo», attraverso il quale si assumerà degli obblighi e, in caso di inadempienza, il ministero della Salute potrà nominare un «commissario *ad acta*», cioè un funzionario pubblico appositamente incaricato di portare a compimento atti amministrativi o progetti esecutivi. Gli accordi firmati dalle Regioni stabiliscono anche dove e come saranno realizzate le Case della Comunità.

I progetti, approvati in tutte le sedi, partono a tambur battente a giugno 2022. Tempo un anno e le cose cominciano a impantanarsi. Il 27 luglio 2023, infatti, il ministro per gli Affari europei Raffaele Fitto presenta la proposta di revisione del Pnrr: a causa di un aumento dei costi nell'edilizia tra il 24 e il 66 percento, il governo Meloni decide di ridurre il numero di Case della Comunità da realizzare con i fondi dell'Unione europea. Si passa da 1350 a 1038 unità, oltre il 20 percento in meno. L'ipotesi più accreditata è che il numero sia tarato sugli stabili da ristrutturare, ridimensionando di molto gli edifici da costruire *ex novo*. Per lo meno, è quanto si intuisce leggendo le proposte per la revisione del Pnrr presentate dal ministro: «L'impatto sul cronoprogramma dei lavori è maggiore per le nuove costruzioni rispetto agli interventi di ristrutturazione di edifici esistenti. In particolare, i primi richiedono iter approvativi molto più lunghi; richiedono opere propedeutiche, come demolizioni, scavi, spostamento sottoservizi, allacciamento reti, ecc., generalmente assenti negli interventi di ristrutturazione». La rassicurazione del governo Meloni è che le 312 Case escluse dai finanziamenti del Pnrr saranno realizzate attingendo ai 10 miliardi di euro destinati all'edilizia sanitaria, cioè alla costruzione di nuovi ospedali, nuovi reparti, alla messa a norma e all'acquisto di nuove attrezzature. I 10 miliardi saltano fuori considerando i soldi pubblici stanziati dal 1988 a oggi ma non ancora spesi. E qui si apre un'altra pagina: le Regioni che hanno avviato la progettazione di nuovi ospedali, ma non hanno ancora concluso la pratica, non ne vogliono sapere di vedersi sottratti i fondi. Quelle che invece non hanno fatto nulla dovrebbero essere obbligate a realizzare le strutture necessarie sui loro territori. Anche perché là dove manca un ospedale non è che puoi sostituirlo con una Casa della Comunità da costruire chissà quando perché i fondi non sono più vincolati al Pnrr. Il rischio è che queste 312 strutture in meno passino in cavalleria.

Torniamo ora alle 1038 Case della Comunità che invece si stanno facendo. Quando il progetto sarà completato, si porrà il problema del personale. Le strutture, infatti, dovranno essere tenute in piedi dai 40.000 medici di famiglia, i quali però non vogliono saperne di uscire dai propri ambulatori. Come abbiamo detto, i dottori sono liberi professionisti convenzionati, con obblighi minimi, legati sostanzialmente alla reperibilità, a quanti giorni e quante ore lo studio medico deve restare aperto in rapporto al numero di assistiti. Torna così la domanda di partenza: quale dovrebbe essere il rapporto tra i medici di famiglia e il Servizio sanitario nazionale per avere un sistema che sia davvero capace di assistere i cittadini in modo adeguato? Qualcuno ha provato a ridefinirlo? La risposta è «sì». Però la strada per il cambiamento richiedeva tempestività. E coraggio. Vediamo cosa è successo.

L'occasione persa, il documento inedito

Il 22 settembre 2021 si riunisce la commissione Salute della Conferenza delle Regioni, che rappresenta il luogo dove si incontrano e si coordinano le richieste regionali nei confronti dello Stato. Durante quella riunione, gli assessori regionali alla Sanità firmano un documento di dodici pagine che potrebbe rappresentare la svolta nei rapporti tra i medici di famiglia e il Servizio sanitario nazionale.

La sintesi, fuori dal linguaggio burocratico, è che i medici di famiglia non possono continuare a fare quello che vogliono in quanto liberi professionisti, senza garantire l'offerta delle prestazioni richieste e programmate dalle Regioni e dalle aziende sanitarie, sulla base dei bisogni della popolazione. È utile riportarne un estratto: «La pandemia da Sars-Cov-2 ha evidenziato ulteriormente che il profilo giuridico del medico di Medicina generale e i loro contratti collettivi nazionali non sono idonei ad affrontare il cambiamento in atto, anche pensando – in una fase post-pandemica – alla gestione delle multi-cronicità, aumento delle fragilità, programmazione dell'assistenza domiciliare, ecc. Basti ricordare che gli Accordi nazionali sottoscritti a sostegno delle azioni delle Regioni per fronteggiare la pandemia (intesa sull'effettuazione dei tamponi, delle vaccinazioni, e in alcune regioni utilizzo dei test rapidi) hanno prodotto scarsi risultati (…). Anche il contributo, in termini di vite umane, fornito dalla Medicina generale e sul quale il Servizio sanitario nazionale riconosce il valore del sacrificio, avvenuto soprattutto durante la prima ondata della pandemia, è stato soprattutto dovuto a un modello che non era in grado di fornire strumenti, spazi e organizzazione adeguati in termini di sicurezza e di indicazioni operative per questi professionisti».

I mesi successivi alla riunione sono convulsi. Il ministero della Salute, guidato allora da Roberto Speranza, lavora con le Regioni alla riforma della medicina di famiglia. In ballo c'è la sottoscrizione con i sindacati del nuovo Accordo collettivo nazionale, che regola quello che i medici di base devono fare per il Servizio sanitario nazionale. L'ipotesi è di approvare una legge, in modo da essere certi di portare a casa il risultato. L'obbligo, infatti, farebbe da argine a qualsiasi opposizione, e sarebbe essenziale per far funzionare le Case della Comunità. L'obiettivo è di definire un monte di trentotto ore a settimana di lavoro per i medici di famiglia, contro le quindici previste dai contratti vigenti. Di queste trentotto ore, fino a venti, in base al numero di pazienti, sono da svolgersi negli ambulatori, da tenere aperti preferibilmente cinque giorni a settimana, con l'obbligo del lunedì, giorno in cui i pazienti di solito si riversano nei Pronto soccorso. Le altre diciotto ore andranno messe a disposizione del Servizio sanitario nazionale, vale a dire dentro le Case della Comunità.

Ma in Italia i governi si sa quando cominciano e non quando finiscono. Generalmente non si arriva a completare la legislatura. Una storia che si ripete, e questa volta non fa eccezione. Così, alle 18.15 di giovedì 21 luglio 2022, a Palazzo Chigi il premier Mario Draghi comunica al Consiglio dei ministri di aver rassegnato le dimissioni nelle mani del presidente della Repubblica, che ne ha preso atto. Le dimissioni dell'esecutivo fanno sì che il governo entri nella fase del cosiddetto «disbrigo degli affari correnti», in quanto non c'è più la pienezza dei poteri che deriva dal rapporto fiduciario con il Parlamento. Nell'attesa dell'insediamento del governo successivo, il Consiglio dei ministri deve gestire esclusivamente l'ordinaria amministrazione. Il 22 luglio Draghi invia a ministri, viceministri e sottosegretari una nota per «richiamare l'attenzione di tutti i componenti del governo sulla necessità di attenersi rigorosamente alle seguenti direttive circa lo svolgimento delle proprie funzioni». Tra gli affari correnti, è indicata l'«attuazione legislativa, regolamentare e amministrativa del Piano nazionale di ripresa e resilienza (Pnrr)».

Il ruolo del medico di Medicina generale è parte fondamentale della nuova rete territoriale realizzata attraverso le riforme e i finanziamenti del Pnrr. Dunque, con la volontà politica, i margini per avallare la riforma ci sarebbero. I ben informati assicurano che il premier Draghi è d'accordo. Il documento è pronto. S'intitola: *BOZZA di NORMA di riforma dei MMG (Disposizioni in materia di Medici di Medicina Generale e PNRR)*, e siamo in grado di svelarne i contenuti. Il passaggio-chiave è questo: «Entro centottanta giorni dalla data di entrata in vigore del presente decreto legge, le parti procedono all'adeguamento dell'Accordo collettivo nazionale nel rispetto delle disposizioni di cui al presente articolo. Il nuovo accordo produce effetti a decorrere dal 1° marzo 2023. In caso di mancata sottoscrizione dell'Accordo entro il termine di cui al primo periodo del presente comma, il ministro della Salute adotta, di concerto con il ministro dell'Economia e delle Finanze, d'intesa con la Conferenza permanente per i rapporti tra lo Stato, le Regioni e le Province autonome di Trento e di Bolzano, un decreto per l'attuazione, in via transitoria, dei principi previsti dal documento. Il decreto cessa di avere efficacia a decorrere dalla data di entrata in vigore dell'Accordo collettivo nazionale».

Dunque, il decreto legge che sostanzialmente dice ai medici di famiglia come dovranno lavorare per garantire una migliore assistenza sul territorio è pronto. Si svolta: le lobby di settore vengono mandate in fuori gioco e la politica sanitaria nazionale si riprende il suo ruolo da protagonista. Le nuove modalità di presa in carico dei pazienti dovranno essere recepite dal contratto collettivo, che regolerà il rapporto dei medici di famiglia con il Servizio sanitario nazionale. In assenza di un accordo con i sindacati, il ministro della Salute potrà procedere con ulteriori provvedimenti legislativi a garanzia delle nuove disposizioni previste. I medici di Medicina generale dovranno lavorare trentotto ore a settimana, come già stabilito con le Regioni, secondo un'agenda comune e condivisa, su base multidisciplinare e di gruppo, con le altre professioni sanitarie e gli operatori sociali, conformemente alla programmazione e ai modelli organizzativi stabiliti dal Distretto sanitario pubblico, in coerenza con le linee guida nazionali e regionali. Per le attività definite dal Distretto sanitario pubblico, il monte ore da dedicare dovrà corrispondere almeno al 45 percento dell'attività professionale (cioè diciotto ore su trentotto). Il rapporto dei medici di famiglia con il Servizio sanitario nazionale sarà di «para-subordinazione»: significa che, pur rimanendo liberi professionisti, i dottori distribuiti sul territorio dovranno svolgere obbligatoriamente le attività richieste dal Servizio sanitario nazionale a tutela della salute pubblica e determinate sulla base del quadro epidemiologico: «Progetti di salute, Percorsi diagnostico-terapeutici assistenziali (Pdta), Piano assistenziale individualizzato (Pai), campagne di prevenzione, vaccinazioni, assistenza domiciliare, continuità dell'assistenza, telemedicina, attività di studio e ricerca, al fine di promuovere la medicina d'iniziativa» si legge nella bozza di decreto «rappresentano un impegno vincolante per i medici». Cambierà anche il sistema remunerativo: il 30 percento della busta paga è vincolato al raggiungimento degli obiettivi di programmazione sanitaria.

Sembra che tutto venga rimesso in equilibrio. Non ci sono stati nessun complotto e nessun accerchiamento, solo mancanza di coraggio e volontà politica. Da parte di chi? Di un ministro che ha preso tempo e poi si è ritrovato, a governo caduto, con la campagna elettorale alle porte (perderà anche quella), o di un governo che decide di escludere la riforma dalle priorità del Pnrr? Intanto, dall'altra parte la lobby dei medici di famiglia prepara la contromossa.

Il cerchio si chiude, in nome del conflitto di interessi

Il 20 settembre 2023, all'Hotel Nautico di Riccione, sul Lungomare della Libertà, si svolge la convention nazionale della Simg, la società – lo ricordiamo – che è guidata ininterrottamente da oltre trent'anni dall'ematologo fiorentino Cricelli, il quale contemporaneamente per anni è stato il presidente dell'azienda Millennium, che vendeva (e vende tuttora) i software ai medici di famiglia. Il titolo del congresso è: *La visione della professione nei nuovi scenari della Sanità, il rinnovamento generazionale, i dirigenti del futuro.* Tra i relatori ci sono Alberto Oliveti e Luigi Galvano, rispettivamente presidente e vicepresidente dell'Enpam, a cui i medici di famiglia in quanto lavoratori autonomi versano una quota della busta paga. L'Enpam vanta di essere la più grande cassa pensionistica privata d'Italia, con un patrimonio totale pari a oltre 25 miliardi di euro, di cui il 23 percento proveniente dalla proprietà di immobili. Il regolamento prevede che il presidente o il vicepresidente Enpam, iscritti al sindacato Fimmg, siano di diritto anche membri del Consiglio nazionale generale del sindacato. A sua volta Silvestro Scotti, segretario generale nazionale della Fimmg, fa parte del Cda dell'Enpam.

A Riccione viene presentato in anteprima il nuovo progetto di Enpam: i medici di famiglia potranno aggregarsi per dare vita a Case della Comunità *spoke* (ossia satelliti rispetto alle Case della Comunità pubbliche definite *hub, nda*). Potranno essere gestite in autonomia e prese in affitto o in leasing con il sostegno di Enpam. Non saranno di proprietà pubblica, ma frutto dell'iniziativa dei liberi professionisti convenzionati con il Servizio sanitario nazionale. Concretamente, i team di medici interessati potranno individuare l'immobile; i locali verranno quindi acquistati, ristrutturati e attrezzati da un fondo immobiliare e dati in affitto o in leasing agli stessi medici che ci lavoreranno. Nel caso di leasing – che si differenzia dall'affitto perché alla fine permette ai medici di diventare proprietari – è prevista la possibilità di farsi aiutare dal Fondo di garanzia per i liberi professionisti, promosso dallo Stato e co-finanziato da Enpam. I medici si potranno organizzare nel modo che preferiscono, per esempio formando una cooperativa o una società tra professionisti con altra forma giuridica. L'investimento preventivato da Enpam è di 8 miliardi di euro.

Dunque, Enpam vuole costruire un proprio business aprendo le Case della Comunità private. Qualche mese dopo, il segretario nazionale della Fimmg Scotti firmerà con Legacoop un protocollo di intesa: la cooperativa metterà a disposizione gli strumenti diagnostici di primo livello, come ecografi ed elettrocardiografi, servizi di segreteria, infermieri, pulizia degli ambulatori, reti informatiche. Il suo «braccio sanitario» è Sanicoop, la Federazione delle cooperative di medici e di operatori sanitari associati a Legacoop, che riunisce oltre il 50 percento delle circa centocinquanta cooperative mediche operanti sul territorio nazionale. Il presidente di Sanicoop è il medico di famiglia Maurizio Pozzi, segretario provinciale della Fimmg di Siena. E così il cerchio magico si chiude.

Nella riunione di ottobre del 2023, con la quale abbiamo aperto questo capitolo, il vicesegretario nazionale Fimmg invitava tutti i propri iscritti a compattarsi per essere attrattivi sul mercato, fornendo servizi a pagamento. Altrimenti, sottolinea Bartoletti, «... ti trovi come un deficiente, e c'è la Casa della Comunità che ti aspetta». Ecco, questa è la filosofia del dirigente sindacale: lavorare per il Servizio sanitario pubblico è da deficienti. Occorre essere scaltri, cioè incassare la convenzione, mantenere lo stesso trantran, e incrementare lo stipendio con le visite a pagamento.

Come è andata a finire

Alle 13.30 dell'8 febbraio 2024, il sindacato Fimmg, insieme alle altre associazioni di categoria, s'incontra alla Sisac (Struttura interregionale sanitari convenzionati), che rappresenta la parte pubblica per il rinnovo degli accordi riguardanti il personale sanitario libero professionista, e firma l'intesa relativa al nuovo Accordo collettivo nazionale. Dall'altra parte del tavolo, nel frattempo, il ministro della Salute è cambiato, ora si chiama Orazio Schillaci, nominato dal nuovo governo in carica dall'ottobre del 2022, presieduto da Giorgia Meloni. Che cosa prevede l'intesa? Gli ambulatori medici continueranno a restare aperti fino a un massimo di quindici ore alla settimana. In compenso, in base alle nuove regole, chi ha meno di 400 pazienti, dunque la maggioranza dei giovani medici di famiglia, è chiamato a mettere a disposizione delle Asl e delle Case della Comunità trentotto ore alla settimana di guardia medica o attività simili, contro le sei ore di chi ha 1500 pazienti, cioè i più anziani. Stavolta sono i giovani medici che salgono sulle barricate: l'opposizione al nuovo Accordo collettivo nazionale è senza precedenti. La convinzione dei dottori più giovani è che si troveranno contemporaneamente a scontare tutti gli oneri della libera professione (a partire da quello di doversi trovare un sostituto e pagarlo di tasca propria in caso di malattia o ferie) e quelli del rapporto dipendente (dato l'obbligo di dipendere dall'Asl per le ore di guardia medica). È il motivo per cui sono in tanti a chiedere di diventare al 100 per cento dipendenti del Servizio sanitario nazionale, con tutte le garanzie annesse. La battaglia adesso è tutta interna, tra nuove leve e medici rodati, e a giocarla saranno le associazioni di categoria. L'interesse dei cittadini e la cura della salute pubblica, come sempre, vengono dopo.

La longa manus delle farmacie

Occhio al farmacista: dove non arriva il medico di base, ci pensa lui. Il medico fa la diagnosi e prescrive la cura, il farmacista eroga il farmaco. Questa è la prassi, stabilita dal regio decreto del 1934, a cui siamo abituati. Federfarma (Federazione nazionale dei titolari di farmacia italiani), tuttavia, sente il bisogno di allargare il proprio raggio di azione: «La farmacia può dare un contributo importante alla riduzione delle liste d'attesa come erogatrice di servizi sanitari qualificati sul territorio». Questo significa che il farmacista in alcuni casi può sostituire il medico, o che si potrà trovare il medico in farmacia?

Le farmacie italiane sono 19.997, una ogni 3300 abitanti, e guadagnano essenzialmente attraverso tre attività. La prima è, ovviamente, la vendita di farmaci: per una scatola di compresse contro l'ipertensione (Ramipril) da 3,28 euro il margine è di almeno 1 euro; per una di antibiotico (Amoxicillina) da 7,90 euro è di 2,75; per un anticoagulante (Enoxaparina) da 30,38 euro almeno 6,31 euro. I farmaci antitumorali in genere sono comprati dalle aziende sanitarie, che in alcune regioni usano le farmacie solo per distribuirli. Quando però la richiesta è urgente (e l'urgenza è valutata discrezionalmente dal farmacista), il farmaco può essere reperito e distribuito con il canale tradizionale, con guadagni per la farmacia di oltre 200 euro a confezione. Ci sono poi integratori e parafarmaci, piuttosto costosi, che i farmacisti suggeriscono con generosità, e dove i margini sono elevati.

La seconda attività è la vendita di cosmetici e accessori come creme, rossetti, smalti, occhiali, orecchini; alcuni punti vendita propongono perfino trattamenti cosmetici come la pulizia del viso e la manicure, ma anche calzature, borracce e lampade portatili.

La terza è l'offerta di servizi sanitari. Un'attività che viene ampliata per la prima volta con una riforma del governo Berlusconi 4 e con i ministri della Salute Maurizio Sacconi e Ferruccio Fazio. È allora che nasce la cosiddetta «farmacia dei servizi», pensata per fare da tramite con i laboratori di analisi per l'esame delle urine e la ricerca di sangue occulto, così come per tutti i test di autodiagnosi che il paziente può fare da solo a casa sua e per i quali la farmacia può offrire un po' di supporto: il prelievo di una goccia di sangue dal polpastrello per misurare glicemia, colesterolo, trigliceridi, emoglobina, creatinina, transaminasi ed ematocrito; il test di menopausa; la misurazione della pressione, della saturazione dell'ossigeno e della capacità polmonare attraverso la spirometria. Tutti servizi per i quali non serve la ricetta medica e che le farmacie offrono a pagamento. Non esiste un tabellario fisso e i prezzi possono andare indicativamente dai 5 euro per la glicemia ai 18 euro per il colesterolo completo.

A partire dal 2018, in teoria, i cittadini possono eseguire in farmacia anche esami a carico del Servizio sanitario nazionale, tuttavia finora non è mai stato ben chiarito quali, né risulta come siano spesi i finanziamenti erogati. Progetti-pilota in questo senso partono nel 2023 in Emilia-Romagna e in Liguria per esami in telemedicina come l'elettrocardiogramma, l'holter pressorio o cardiaco dispensati a carico del Servizio sanitario nazionale.

In modo più diffuso, invece, lo Stato rimborsa il servizio di prenotazione di visite ed esami medici nelle farmacie che offrono un servizio tipo Cup (2,50 euro ciascuno) e le nuove attività introdotte con l'emergenza Covid, che si sono rivelate fondamentali: i test sierologici e i tamponi rimborsati dal Servizio sanitario nazionale a 15 euro l'uno, o il vaccino anti-Covid e l'antinfluenzale, rimborsati rispettivamente 9,16 e 6,16 euro. Tutto il resto il paziente lo fa a proprie spese.

Fino a oggi, comunque, il ruolo della farmacia è sempre stato quello di presidio socio-sanitario e non di alternativa alle prestazioni di diagnostica clinica fornite dagli ambulatori. Anche perché nelle farmacie è tassativamente vietata qualsiasi attività di prescrizione e di diagnosi, nonché di prelievo di sangue o plasma mediante siringhe o dispositivi equivalenti per evidente conflitto di interessi. Sul punto le norme sono molto chiare: il farmacista non può svolgere, direttamente o per interposta persona, l'attività medica a mezzo di ambulatorio e i medici, in quanto prescrittori di farmaci, non possono esercitare in farmacia. Poi è arrivato il provvedimento legislativo del governo Meloni.

Il 30 settembre 2022, subito dopo le ultime elezioni politiche, Federfarma comunica che i farmacisti eletti alla Camera dei deputati, in rappresentanza della categoria, sono quattro: Roberto Bagnasco per Forza Italia, Carlo Maccari, Marta Schifone e Marcello Gemmato per Fratelli d'Italia. Un mese dopo, Gemmato è nominato sottosegretario al ministero della Salute.

Il Ddl Semplificazioni del 26 marzo 2024 mette le basi per un cambiamento radicale. Le farmacie possono somministrare qualunque tipo di vaccino sopra i dodici anni; fare da sportello per la scelta e revoca del medico di famiglia e del pediatra; sono promossi i servizi di telemedicina come elettrocardiogramma e holter pressorio o cardiaco refertati poi da un medico a distanza e, soprattutto, gli esami eseguiti non devono più rientrare nell'ambito autodiagnostico.

Il 23 aprile 2024 Andrea Mandelli, già deputato di Forza Italia e vicepresidente della Camera, in qualità di presidente della Federazione degli Ordini dei farmacisti, esulta al Consiglio nazionale: «Si apre una nuova era (...). Il governo riconosce ufficialmente servizi che molti di noi già offrono quotidianamente ai cittadini, ma ponendo al contempo le basi per il loro rimborso da parte del Servizio sanitario nazionale a fronte della presentazione di una ricetta medica da parte del paziente». Va specificato che, al momento, le prestazioni ricevute restano a carico del cittadino: in pratica, le farmacie si trasformano in «facilitatori di prestazioni a pagamento», una sorta di ambulatori di prossimità dove è possibile ottenere una diagnosi e, immediatamente dopo, il farmaco curativo. Sulla rampa di lancio ci sono anche nuovi progetti sperimentali a livello locale che permettono a gruppi circoscritti di cittadini di sottoporsi in farmacia, tramite la telemedicina, all'holter pressorio, cardiaco e all'elettrocardiogramma. Regione Lombardia sta arruolando, per questo tipo di esami, seimila assistiti: «Il paziente, previa presentazione di prescrizione medica, sarà assistito dal farmacista nell'esecuzione dell'esame. Il referto sarà prodotto da un centro di tele-refertazione accreditato con l'invito o meno a recarsi dal medico». Dunque, la farmacia esegue l'elettrocardiogramma al paziente e lo trasmette a una centrale operativa dove è presente un cardiologo che legge l'esame, compila il referto e dovrà inserirlo nel fascicolo sanitario elettronico. La Regione riconosce il rimborso della prestazione alla farmacia (anche doppio rispetto a quello riconosciuto a un ambulatorio), che a sua volta girerà parte della tariffa al centro servizi che svolge l'attività medica. Tutta la responsabilità, però, non è in capo alla farmacia, ma al centro servizi, che deve essere accreditato. Per gli elettrocardiogrammi, Federfarma Lombardia si appoggia alla società Htn (Health Telematic Network), che è convenzionata con gli Ospedali Civili di Brescia: i cardiologi sono quindi medici pubblici che lavorano fuori orario, Htn gestisce la piattaforma tecnologica e di rendicontazione, la farmacia gira una percentuale di quanto riceve dalla Regione ad Htn.

Il decreto prevede che per svolgere queste attività si possano «utilizzare anche locali separati da quelli dove è ubicata la farmacia», purché all'interno del bacino di utenza, e permette a due o più farmacie di condividere spazi in cui potranno operare anche infermieri e fisioterapisti per fare medicazioni, iniezioni e rieducazione motoria. In caso di locali esterni, il decreto prevede che la farmacia sia soggetta alla previa autorizzazione dell'Asl, che deve accertare l'idoneità igienico-sanitaria e, almeno in teoria, anche il rispetto dei requisiti richiesti agli ambulatori privati, come la presenza di sala d'attesa, sala visita, servizi igienici. Dal momento che i medici non possono lavorare in farmacia, non è prevista la presenza del direttore sanitario, che negli ambulatori privati svolge una funzione di controllo e di garanzia sulla qualità delle prestazioni. A dover garantire questi aspetti, pur senza avere le competenze specifiche, è il direttore tecnico della farmacia.

Di fronte alla necessità, urgentissima, di ridurre le liste d'attesa, la strada obbligata è l'attivazione delle Case della Comunità e il rinforzo degli ospedali. Ampliare il raggio d'azione delle farmacie potrebbe dare un contributo utile, a condizione che le nuove attività siano regolamentate. Allo stato dei fatti si prospettano due tipologie di rischio: quello di incrementare il consumo di prestazioni sanitarie anche quando non c'è una reale necessità, e quello di doversi recare dal medico o addirittura in Pronto soccorso al primo esame fuori parametro, perché il farmacista, non conoscendo l'anamnesi dei pazienti, non può valutarlo in un quadro complessivo. Alcuni specialisti di Pronto soccorso stanno già segnalando l'invio di pazienti da parte di farmacisti che non sono stati in grado di valutare gli esami eseguiti. L'esito finale di questa corsa ad accaparrarsi pezzi di prestazioni è quello di allungare le liste d'attesa invece di accorciarle. Con grande vantaggio di tutta la filiera degli operatori privati.

Eutanasia di una professione

«Non è un contratto, è una vessazione» scrivono decine di medici sul social network LinkedIn: «A un neurochirurgo con esperienza di chirurgia vertebrale viene proposta una remunerazione oraria di 40 euro lordi. A queste condizioni, fa bene la gente a non fare specialità mediche ad altissimo rischio e senza sbocchi nel privato». Il riferimento è al bando di concorso pubblicato dall'Asl di Vicenza il 14 giugno 2024, per trovare un neurochirurgo che lavori all'ospedale San Lorenzo di Valdagno. Leggiamolo: «È indetta procedura selettiva per il conferimento di n. 1 incarico libero professionale (...) a un professionista laureato in Medicina e Chirurgia, specializzato in Neurochirurgia, con esperienza/competenza in ambito di chirurgia vertebrale, da assegnare all'Uoc (Unità operativa complessa, nda) di Neurochirurgia, per attività di sala operatoria e di specialistica ambulatoriale da svolgersi presso il presidio ospedaliero di Valdagno. L'incarico avrà la durata massima di dodici mesi dalla data che verrà indicata nel contratto di natura autonoma. Il professionista destinatario dell'incari-

co dovrà garantire attività sino a un massimo di n. 38 ore settimanali, secondo quanto richiesto dal responsabile del servizio di assegnazione. Per l'attività prestata, verrà corrisposto un compenso orario lordo di € 40,00. Tale compenso è comprensivo dell'eventuale resa oraria aggiuntiva rispetto all'impegno orario massimo previsto. L'azienda provvederà al pagamento di quanto dovuto in rate mensili posticipate, previa emissione di regolare documento fiscale da parte del professionista e sulla base delle effettive ore di attività svolta». Tradotto in parole semplici: un lavoro altamente specialistico e complesso è retribuito una miseria, considerando oltretutto l'obbligo di assicurazione, e senza nessuna remunerazione aggiuntiva per gli eventuali straordinari. La stessa tariffa di un idraulico (con tutto il rispetto per l'idraulico), per una manutenzione ordinaria nei giorni feriali. Una proposta considerata offensiva e degradante. Giustamente.

2

L'allarme inascoltato

Hai un'urgenza e devi essere operata. Ti è capitato un incidente e vieni trasportato al Pronto soccorso, oppure devi arrivare in fretta in ospedale per partorire. Sei nelle mani del medico che in quel momento è in servizio. Chi ti aspetti di trovare? Un professionista che sappia il fatto suo. Ma questo è un auspicio. La carenza dei dottori nel Servizio sanitario nazionale è un problema noto. La politica che fa? Prova a metterci una toppa, con provvedimenti che non risolvono granché perché sono tutte misure provvisorie che hanno una scadenza, destinate a tamponare solo l'emergenza, senza nulla di strutturale capace di risolvere i problemi che stanno alla radice. Quello che manca è sempre la visione a lungo termine.

Dal febbraio 2024, e solo fino al 31 dicembre 2025, la legge prevede che i medici del Servizio sanitario nazionale possano continuare a lavorare fino ai settantadue anni di età. Inoltre, sempre fino al 31 dicembre 2025, è consentito di poter tornare in servizio a tutti i professionisti che sono andati in pensione dal settembre 2023. E dal 2018 gli specializzandi possono partecipare ai concorsi per coprire posti vacanti nelle strutture pubbliche: attualmente la regola vale fino al 31 dicembre 2026. Nell'emergenza, insomma, si fa quel che si può. La questione è che l'allarme era scattato da tempo.

Il 27 settembre 2011, il sindacato che rappresenta i dirigenti medici e sanitari (Anaao Assomed) rende pubblico uno studio drammaticamente profetico, dal titolo: *Specialisti, allarme rosso nel 2021*. Gli effetti dell'esodo pensionistico e il numero insufficiente di posti nelle scuole di specializzazione produrranno entro dieci anni un buco d'organico di 30.000 medici ospedalieri. Chi si occupa di programmazione dentro ai ministeri della Salute e dell'Istruzione dovrebbe saltare sulla sedia. Invece non si muove una foglia. In quello stesso anno, per appendere il camice al chiodo e uscire dall'ospedale servivano sessantadue anni di età, oppure trentasette anni di anzianità di servizio. Era ampiamente previsto che, tra il 2012 e il 2021, ben 61.300 medici del Servizio sanitario nazionale avrebbero raggiunto i requisiti necessari per andare in pensione. Sono dati ufficiali che parlano da soli. Vengono diffusi, proprio in quel fatidico 2011, dall'Istituto nazionale di previdenza e assistenza per i dipendenti dell'amministrazione pubblica (Inpdap), quando ancora qualcosa si poteva fare per arginare la tendenza.

A fronte degli oltre 60.000 medici in uscita, in quanti sarebbero stati pronti a entrare? I conti sono chiari da subito. Cinquemila all'anno erano allora le borse di studio che consentivano ai laureati in Medicina l'ingresso nelle scuole di specializzazione. Occorre considerare che a fine formazione solo il 75 percento resta a lavorare nel pubblico; gli altri scelgono la strada della libera professione, del privato convenzionato, la carriera universitaria e della ricerca medico-scientifica, oppure preferiscono andarsene all'estero, in Paesi che offrono stipendi e condizioni di lavoro migliori. Come dargli torto. A conti fatti, in quel lontano 2011 il numero dei dottori previsto in entrata nel Servizio sanitario nazionale era di 3500 l'anno, per complessivi 35.000 nuovi specialisti se ci riferiamo al periodo indagato nello studio di Anaao Assomed. Stiamo parlando di poco più della metà dei medici che nello stesso periodo sarebbero andati in pensione.

Davanti a un'evidenza così palese, ci si aspetta che, una volta avvisati, coloro che negli anni si succedono al governo, in particolare ai ministeri della Salute e dell'Istruzione, si adoperino per aumentare il numero di accessi alla formazione specialistica necessaria per lavorare negli ospedali. La consapevolezza di cosa ti attende nell'immediato futuro è il requisito minimo richiesto a chi governa il Paese. Nel nostro caso, la consuetudine è quella di passare la grana a chi verrà dopo, e non caricare di costi i bilanci pubblici già malmessi.

Di quanti soldi parliamo? Proviamo a capirlo. Per formare un medico che può entrare in servizio in un ospedale servono in media dieci anni, sei per la laurea in Medicina più altri quattro-cinque per la specializzazione. Solo il costo della formazione post laurea va dai 102 ai 128.000 euro per ogni singolo medico. Sarebbe un investimento decisivo sulla futura sicurezza di tutti i cittadini, ma nel futuro ci sarà un altro governo, mentre l'obiettivo dei governi in carica è quello di risparmiare oggi. E poi gli investimenti sul futuro non producono consenso perché non si vedono subito, di conseguenza non sono interessanti per i politici. Ora quel futuro siamo noi, e ci siamo dentro.

Torniamo al 2011. Dopo l'allarme rosso lanciato da Anaao Assomed, il numero degli ingressi nelle scuole di specializzazione rimane invariato. Cinquemila, non uno di più. Nel 2013 i posti addirittura scendono a 4844. Sono gli anni del governo tecnico presieduto da Mario Monti, i conti del Paese sono spaventosi e bisogna ricorrere alla *spending review*. Su cosa si mette mano? Come sempre, sulla sanità.

Solo dal 2014 gli ingressi iniziano gradualmente a salire. In quell'anno le borse di studio sono 5748, che diventano 6940 nel 2016, poi 7078 nel 2018 e 8583 nel 2019. Il finanziamento della formazione specialistica passa da poco più di 627 milioni di euro del 2014 a circa 1 miliardo del 2019, con un incremento del totale di borse di studio del 59 percento.

Negli stessi anni, cambiano anche le regole per andare in pensione. Nel 2012, con la riforma Fornero, servono 42 anni e 10 mesi di contributi per gli uomini e 41 anni e 10 mesi per le donne. Ancora una volta, gli ingressi di nuovi medici, con la relativa formazione necessaria, non sono programmati in base alle possibili uscite dovute al superamento dei limiti d'età. Incrociando i dati relativi ai pensionamenti con il numero degli specializzandi pronti a fare il loro ingresso nel Servizio sanitario nazionale, dal 2015 al 2020 il risultato è di 37.800 dipendenti destinati a uscire dalle strutture ospedaliere a fronte di 24.752 nuove leve pronte a entrare. Parliamo di 13.048 medici in meno. A questa cifra bisogna aggiungere il numero di contratti di formazione persi per abbandono, che sono circa cinquecento ogni anno.

Come se non bastasse, nello stesso periodo negli ospedali inizia un graduale ma inesorabile taglio dei posti letto. Se nel 2000 avevamo 4,7 letti ogni mille abitanti, nel 2020 dobbiamo arrangiarci con 3,2. Nel resto del mondo, il record positivo è del Giappone, con 13,1 posti letto per mille abitanti, seguito dalla Corea del Sud e dalla Germania che, con 8 posti su mille, svetta nella classifica europea.

Il numero delle borse finanziate dal governo, che consentono l'accesso alle scuole di specializzazione, si orienta per anni al ribasso anche rispetto a quello dei neolaureati in Medicina. In gergo tecnico si chiama «imbuto formativo», che corrisponde alla differenza tra il totale dei laureati e i posti disponibili nei corsi di formazione post laurea. Tra il 2010 e il 2019 rimangono esclusi ben 11.652 neolaureati.

Oltre a lasciare migliaia di neolaureati con le mani in mano, sbarrando loro la strada della specializzazione e mortificandone la professionalità, nello stesso periodo si procede a ingenti tagli al personale sanitario già formato e pronto a svolgere il proprio lavoro. La sostituzione dei medici pensionandi rimane bloccata dal 2005 al 2019, cioè sotto i governi Berlusconi 2, Berlusconi 3, Prodi 2, Berlusconi 4, Monti, Letta, Renzi, Gentiloni. In pratica, non ci sono risorse, dunque dobbiamo farne a meno. Solo nel 2019, con il provvedimento voluto dalla ministra Giulia Grillo del governo Conte 1, il turnover viene sbloccato e le risorse per le assunzioni aumentano del 10 percento.

Il Servizio sanitario nazionale che nel 2020 si troverà

ad affrontare l'emergenza Covid è dunque già provato dalle conseguenze di una programmazione miope, se non del tutto errata, con contratti di specialità al ribasso e mai tarati sul numero che serve per sostituire i medici in pensionamento. La pandemia si innesta su questo scenario e inevitabilmente travolge tutto, con le corsie d'ospedale già sguarnite. In piena emergenza sanitaria, i 110.000 medici al lavoro non riescono più a coprire i turni. Per questo si rende necessario richiamare in servizio i pensionati e definire nuove norme che consentano di assumere gli specializzandi che non hanno ancora terminato gli studi. E ci troviamo allo scenario prefigurato all'inizio del capitolo.

Solo dopo il primo anno di pandemia, il numero di contratti di formazione per le scuole di specialità subisce un forte rialzo rispetto all'anno precedente: più 75 percento. Il 30 novembre 2020, i 23.671 neolaureati in Medicina che si sono candidati per entrare nelle scuole di specializzazione scoprono chi è riuscito ad aggiudicarsi i 14.980 contratti di formazione finanziati dal governo e, in minima parte, anche da Regioni ed enti privati. Il 30 dicembre, i nuovi specializzandi iniziano i corsi, che in circa quattro anni li porteranno a diventare medici specialisti nei vari settori prescelti. A crescere in quel momento sono soprattutto i numeri relativi alle specializzazioni di cui l'emergenza Covid ha mostrato la carenza: Medicina d'urgenza passa infatti da 458 contratti di formazione a 975, Anestesia e Rianimazione da 929 a 1697, Malattie infettive da 104 a 344, Microbiologia da 25 a 122, Patologia clinica, cioè medicina di laboratorio, da 86 a 226, infine Statistica medica da 3 a 29.

Ma è un po' troppo tardi. In un momento così drammatico, i medici ancora in formazione possono fare purtroppo ben poco. Chi troviamo, allora, nelle sale operatorie, negli ambulatori e nei Pronto soccorso dei nostri ospedali?

Il caso dei medici a gettone

Le conseguenze degli errori commessi in vent'anni di politica sanitaria imprevidente e lacunosa si scaricano sui pazienti. Nessuno di noi sarebbe felice di mettersi nelle mani di un medico in attività ininterrottamente da trentasei ore. Eppure, soprattutto negli anni successivi alla pandemia, accade più spesso di quanto si potrebbe pensare. Il motivo per cui alcuni medici possono rimanere in servizio per così tante ore è che, a differenza dei colleghi ospedalieri, non sono vincolati al rispetto della turnazione, perché sono lì come gettonisti.

Il fenomeno dei cosiddetti medici «a gettone» è il prodotto dell'emergenza sanitaria dovuta al Covid. Per coprire i buchi d'organico sempre più numerosi, migliaia di professionisti entrano ogni giorno negli ospedali italiani, ingaggiati da cooperative esterne, su affidamento delle aziende sanitarie ormai con le spalle al muro. Essere chiamati «a gettone» significa essere liberi professionisti esterni alla struttura ospedaliera, pagati per un singolo turno, di solito di dodici ore, in una modalità sostanzialmente fuori controllo. Sono i medici che non hanno vinto i concorsi, i laureati che sono stati esclusi dalle borse di studio, oppure i professionisti che hanno deciso di fare i freelance spinti dalla volontà di guadagnare molto in poco tempo. E i dottori esterni alla struttura possono cumulare anche più gettoni uno di seguito all'altro. D'altronde, in corsia qualcuno ci deve pur essere e i problemi di carenza di personale riguardano soprattutto i Pronto soccorso, che sono i più in crisi. Secondo un'indagine svolta nell'estate del 2022 per il «Corriere della Sera» dalla Società italiana di medicina di emergenza e urgenza, guidata da Fabio De Iaco, su un campione di trentuno ospedali, un paziente in Pronto soccorso ha una probabilità su quattro di essere assistito da un medico che arriva da una cooperativa. Durante la notte oppure nei weekend si può arrivare addirittura a un caso su due. Anche nelle corsie d'ospedale la presenza dei gettonisti è maggiore soprattutto nei turni di notte, nei fine settimana e nei giorni di festa. La richiesta che viene fatta a queste nuove figure è quella di occuparsi prevalentemente delle urgenze: parti, bambini con problemi di salute e, ovviamente, gestione delle emergenze.

Il meccanismo funziona così: l'ospedale in difficoltà a coprire i turni fa una gara d'appalto attraverso la quale sceglie una cooperativa. A spuntarla è solitamente quella che assicura il prezzo più conveniente. Una volta ingaggiata, la struttura pubblica le invia l'elenco dei turni scoperti. In parallelo, la cooperativa raccoglie le disponibilità dei medici con annunci sul proprio sito, e soprattutto su social come Telegram e LinkedIn. Dopodiché, piazza i dottori e sistema gli incastri. I medici si iscrivono con un clic e restano in attesa del gettone giusto.

Il collega del «Corriere della Sera» Giovanni Viafora è riuscito ad avere accesso a uno di questi canali, dove per qualche settimana ha potuto osservare i messaggi in arrivo. La comunicazione è serratissima, gli orari non sembrano mai un problema. I messaggi ogni giorno sono decine, ed è utile leggerli perché ci mostrano una realtà che in pochi conoscono: «Qualcuno sarebbe interessato a coprire dei turni notturni codici minori in provincia di Vicenza? Compenso 65 euro l'ora». E si specifica, per chi non avesse inteso: «Facendo un semplice calcolo sono 4680 euro per sei gettoni (ovvero sei turni, *nda*)».

Una società inserisce l'annuncio per un posto di guardia diurna e notturna in una clinica riabilitativa di Arezzo: «Compenso 420 euro a turno, possibilità di fare ventiquattro o quarantotto ore consecutive (consentito dalla clinica) e turni accorpati». Un altro ancora: «Cercasi medico da inserire in organico per la copertura di turni diurni e notturni e per la gestione dei codici minori del Pronto soccorso di Nuoro. Compenso 600 euro a turno di dodici ore più alloggio. Possibilità di accorpare turni per chi viene da fuori regione». L'accorpamento dei turni è considerato un benefit: «Ci sono medici trasfertisti che si organizzano in pullman, prendono tre o quattro gettoni consecutivi lavorando fino allo stremo e poi tornano a casa con un bottino di 4-5.000 euro che basta per tutto il mese» riferisce un primario lombardo.

Per le cooperative, trovare medici gettonisti non è difficile. Le aziende ospedaliere, infatti, messe alle strette, concedono bandi molto remunerativi con requisiti di accesso spesso minimi e in ogni caso ben lontani da quelli richiesti a un medico interno, che dev'essere quantomeno specializzato. Così come nessuno vorrebbe essere curato da un dottore in servizio ininterrottamente da più di ventiquattro ore, tantomeno sarebbe felice di sapere che l'intero Pronto soccorso in cui si è recato è gestito da un dentista, o da uno specializzando privo di un'esperienza adeguata. Ma accade anche questo.

In quest'epoca infausta ecco dunque chi sono i nuovi medici in prima linea: globetrotter della salute che indossano il camice dove più gli conviene. Estremamente vari per età e competenze, i loro profili rientrano in diverse tipologie. C'è il medico ospedaliero andato in pensione a sessantadue-sessantatré anni e che continua a esercitare il mestiere percependo un doppio reddito: pensione e gettoni. Oppure il dottore giovane e potenzialmente nel pieno della carriera, che preferisce licenziarsi dal posto fisso in ospedale perché piegato da orari e turni massacranti, senza nessuna gratificazione né tantomeno riconoscimenti economici. Il quadro è talmente distorto che ormai si registrano casi paradossali: Riccardo Stracka, quarantaquattro anni, ex direttore del Policlinico di Monza e poi viceprimario del Pronto soccorso alla clinica San Carlo di Paderno Dugnano, a due passi da Milano, si licenzia lasciando il posto fisso e si mette a fare il gettonista per una cooperativa che si muove tra Lombardia, Piemonte e Valle d'Aosta. Dice di guadagnare il 60-70 percento in più rispetto a prima e che anche la qualità della sua vita è radicalmente migliorata. Da gettonista ha la possibilità di organizzare il lavoro come preferisce. C'è poi anche il caso del medico che, finita la giornata nel suo studio, va a prendersi il gettone con un turno in ospedale. Ginecologo di giorno, ostetrico di notte, per esempio. Infine, ci sono i neolaureati: ingaggiarli è piuttosto semplice, basta pescare tra gli oltre 11.000 rimasti esclusi dalle scuole di specializzazione tra il 2010 e il 2019.

Alla domanda sul perché così tanti dottori scelgano di mettersi sul mercato da gettonisti piuttosto che da interni alle strutture sanitarie è facile rispondere. Un medico ospedaliero assunto da più di quindici anni guadagna da contratto 52 euro lordi l'ora per sei ore e venti minuti al giorno (che sono oltretutto puntualmente superate), per 267 giorni l'anno. Il calcolo tiene conto di un giorno di riposo settimanale, trentasei giorni di ferie, dieci di festività. Il salario annuo lordo supera di poco gli 85.000 euro. Gli stessi soldi un medico a gettone li guadagna facendo 84 turni da dodici ore, poiché la paga oraria minima in Pronto soccorso e in Anestesia è di 87 euro lordi. Certo, a suo carico il gettonista ha ferie e malattia, ma c'è chi arriva ad accumulare anche 20 turni al mese, con lo stipendio che cresce esponenzialmente.

Sicurezza a rischio

Ai pazienti può andare bene o male. Al di là delle capacità del singolo professionista – del resto, anche tra i medici ospedalieri i livelli di competenza possono variare – il sistema dei medici a gettone presenta di per sé rischi più elevati per il malato e ci sono differenze sostanziali che non si possono nascondere.

Partiamo dal requisito numero uno: per essere assunti in un Pronto soccorso bisogna aver superato un concorso pubblico, e la partecipazione è vincolata al possesso di un lungo elenco di titoli, come la specializzazione in Pronto soccorso e Terapia d'urgenza, Medicina d'urgenza, oppure attestati equivalenti. C'è inoltre da superare una prova scritta, una orale e una pratica. Per i gettonisti, al contrario, basta leggere i bandi per accorgersi che si tratta di un mercato completamente fuori controllo. La scelta del medico a gettone avviene a discrezione della cooperativa, senza nessun vincolo. Quella seria fa una selezione accurata dei professionisti, quella invece orientata solo agli affari punta semplicemente ad avere a disposizione più medici possibili per coprire la maggior quantità di turni e di domande. Su ogni turno, il guadagno della cooperativa va dal 7 al 15 percento. In un simile contesto, è piuttosto facile per le cooperative che vogliono sottrarsi a qualsiasi tipo di vincolo di qualità espandersi a scapito di quelle che invece investono in sicurezza, esperienza dei medici e rispetto dei requisiti minimi di legalità. In un regime di sostanziale anarchia, se si sceglie di non avere vincoli, dunque di non accollarsi costi, sarà possibile applicare prezzi inferiori e aggiudicarsi di conseguenza molti bandi di gara.

Gli stessi bandi delle strutture ospedaliere non sembrano costruiti per scegliere la cooperativa più affidabile. Il criterio spesso è semplicemente quello del minor prezzo, perché più i requisiti del bando sono severi, come per esempio la richiesta di riposo obbligatorio tra un turno di dodici ore e l'altro, più è difficile trovare cooperative che partecipino. Così, per non far andare deserte le gare, gli ospedali rinunciano a vincoli che sembrerebbero troppo stringenti. D'altronde, il Pronto soccorso non può essere lasciato senza medici. Sul tipo e sulla qualità di questi ultimi sembra che si possa anche sorvolare. In pratica, è la stessa logica dell'appalto comunale per riparare i tombini, solo che qui in ballo c'è la salute e dunque la vita delle persone.

Un altro problema riguarda la continuità dell'assistenza: «Mi trovo in reparto ogni sera un medico diverso» confida un altro direttore di unità complessa della Lombardia.

Viene perso totalmente il lavoro di squadra, fondamentale anche per curare meglio le patologie tempo-dipendenti come, per esempio, l'ictus: pochi minuti possono fare la differenza nel salvarci la vita o per non condannarci a disabilità permanenti. Ma che intesa ci può essere tra medici che non hanno mai lavorato insieme e che non conoscono l'organizzazione dell'ospedale?

La conferma del rischio di inadeguatezza del servizio offerto arriva da un'indagine dei Nas che, d'intesa con il ministero della Salute, dalla metà di novembre ai primi di dicembre del 2022 ha svolto verifiche a campione su 1525 medici delle cooperative. Sono stati individuati gettonisti arruolati come ostetrici ma senza nessuna formazione per fare i parti cesarei, altri che operano in Pronto soccorso ma senza avere competenze in Medicina d'urgenza. Ci sono poi dipendenti di altri ospedali che fanno di nascosto i doppi turni per la cooperativa. Altri che hanno superato i settantadue anni di età e dunque sarebbero esclusi per legge dal Servizio sanitario nazionale, eppure in questa formula possono rientrare.

In assenza di regole, è anche difficile eseguire controlli completi e adeguati. Com'è possibile, per esempio, individuare un medico che, dopo aver smontato dal turno di dodici ore nel suo ospedale, va a lavorare in un'altra sede a gettone e senza rispettare il vincolo del riposo? Non c'è modo. Da testimonianze dirette è emerso che tra i dottori a gettone ci sono molti neolaureati senza nessuna esperienza che si trovano a eseguire visite e diagnosi. Il risultato finale è che un intero settore nevralgico della sanità finisce nelle mani di un mercato privato e sostanzialmente anarchico.

Centomila turni in un anno

Solo nel 2022, i turni appaltati in Lombardia, Veneto, Piemonte ed Emilia-Romagna superano la cifra di centomila. In Lombardia, secondo i dati forniti dalla Regione, i turni gestiti dalle cooperative sono oltre 40.000, così ripartiti: 14.682 in Pronto soccorso, 9960 per gli anestesisti nelle sale operatorie e nelle Terapie intensive, 20.515 in altre specialità, tra cui Pediatria, Ginecologia-Ostetricia, Cardiologia, Psichiatria, Radiologia e Ortopedia. Il Fatebenefratelli di Milano, con il suo Pronto soccorso al centro della città, ha appaltato 703 turni; l'ospedale di Varese, con Tradate, Cittiglio, Luino e Angera nel suo bacino di utenza, ha sistemato 1800 turni, quello della Valtellina, con Sondrio, Sondalo, Chiavenna e Morbegno, 1080 turni. Perfino l'ospedale Papa Giovanni XXIII di Bergamo, uno dei Pronto soccorso più importanti della Lombardia, la cui storia di primo avamposto della lotta al Covid ha fatto il giro del mondo, deve far fronte alla carenza di medici interni alla struttura affidandosi a una cooperativa. Lo specifica chiaramente una disposizione a cui abbiamo avuto accesso, datata 4 maggio 2022, dal titolo: *Affidamento del servizio di Guardia medica presso il Pronto soccorso della sede dell'Asst Papa Giovanni XXIII. Durata sette mesi, dal 01.05.2022 al 30.11.2022. Spesa complessiva presunta euro 183.382,50 Iva 5 percento compresa*. La necessità è quella di coprire 175 turni della durata di dodici ore, con un compenso di 998 euro ciascuno. Come si può leggere testualmente nel documento, il criterio di scelta è sempre quello del «minor prezzo».

In Veneto mancano 124 medici di Pronto soccorso, 75

anestesisti, 28 ginecologi e 20 pediatri: le conseguenze, sempre secondo i dati forniti dalla Regione, sono 42.061 turni appaltati, di cui 15.490 in accettazione e Pronto soccorso, 9990 in Anestesia e Rianimazione, 3729 in Ostetricia e Ginecologia e 2604 in Pediatria. In Piemonte i dati relativi agli appalti del 2022 riguardano solo il Pronto soccorso e ammontano a 14.400 turni. Il calcolo, in questo caso, è della Società italiana di Medicina di Emergenza-Urgenza (Simeu), perché i numeri ufficiali della Regione sulle prestazioni esternalizzate sono al momento aggiornati al 2021 e sono i seguenti: quasi 25.000 turni, di cui il 31 percento in accettazione e Pronto soccorso, il 20 percento in Ginecologia e un altro 20 percento in Pediatria, il 12 percento in Anestesia e Rianimazione e, complessivamente, il 17 percento tra Medicina interna, Ortopedia e Radiodiagnostica. Nella più virtuosa Emilia-Romagna, il fenomeno è meno diffuso e pervasivo, ma è comunque presente. Secondo i numeri forniti nello stesso anno dall'assessore alla Sanità Raffaele Donini, i turni appaltati sono 225 al Pronto soccorso di Ferrara, 8 notti al mese al punto di Primo presidio di Santa Sofia (Forlì-Cesena), 60 turni mensili, che da gennaio 2023 diventeranno 76, al Pronto soccorso di Carpi e Mirandola (Modena), 36 ai punti nascita di Mirandola e 30 turni mensili più 10 pronte disponibilità all'Ostetricia e Ginecologia di Carpi dal 9 dicembre 2022. Sempre a Carpi e a Mirandola, a gennaio 2023 è partito un nuovo appalto annuale da 3,2 milioni per Pronto soccorso e Ginecologia.

Da questa fotografia emerge che, alla carenza di medici in Pronto soccorso per i turni d'emergenza, in Ostetricia per i parti e in Pediatria per le urgenze infantili, si affianca una lacuna che sta via via estendendosi anche alle altre specialità. La causa ha sempre la stessa origine: i buchi causati nel tempo dal blocco del turnover, dai continui tagli alla sanità e da una programmazione sbagliata sul numero di medici da formare.

Il ricorso massiccio ai medici a gettone, oltre a cambiare radicalmente la fisionomia degli ospedali italiani, rappresenta anche un drenaggio di denaro dalle casse dello Stato. Se per un gettone si arriva a offrire fino a 1200 euro per singolo medico, vale a dire più della metà della retribuzione che uno specializzando percepisce in un mese intero, l'Autorità nazionale anticorruzione (Anac) calcola che in quattro anni, dal 2019 al 2023, i dottori e gli infermieri gettonisti sono costati 1,7 miliardi di euro. Una cifra che è peraltro al ribasso, perché non sono disponibili tutti i numeri necessari a fare conti più precisi e completi.

Ad ampliare la voragine ci sono gli ospedali più piccoli, meno monitorabili e cronicamente sottorganico anche perché poco attrattivi per i medici. Queste strutture funzionano quasi esclusivamente con i gettonisti. Un decreto ministeriale del 2015, dal titolo *Definizione degli standard qualitativi, strutturali, tecnologici e quantitativi relativi all'assistenza ospedaliera*, voluto dall'allora ministra della Salute Beatrice Lorenzin, prevede che i reparti privi di un'attività minima siano riconvertiti in strutture di prima assistenza, anche e soprattutto per ragioni di sicurezza, dal momento che quando si fanno pochi interventi manca l'assistenza in caso di complicanze. Quel provvedimento è rimasto in larga parte lettera morta.

Le contromisure del ministro Schillaci

Come si fa a frenare un fenomeno tanto diffuso?

Le Regioni cercano soluzioni in proprio aumentando la paga oraria per gli ospedalieri: da 60 a 100 euro per i medici disponibili a svolgere turni extra. Il Veneto lo fa da maggio 2022, il Piemonte e l'Emilia-Romagna introducono gli aumenti con la legge di Bilancio del dicembre dello stesso anno. Quest'ultima permette inoltre agli ospedali di contrattualizzare direttamente liberi professionisti in aggiunta ai dipendenti. Da fine settembre 2022, la Lombardia promuove invece accordi tra ospedali pubblici, per i quali chi ha medici disponibili li manda a fare turni extra dove c'è bisogno, sempre a 100 euro l'ora. Attraverso questi incentivi, le amministrazioni locali puntano a ridurre il ricorso alle cooperative, ma è evidente che simili soluzioni tampone non possono protrarsi nel tempo, perché gravano su un personale sanitario già sfiancato da oltre due anni di pandemia e dalla necessità di recuperare in corsa qualche milione di visite ambulatoriali.

Arriva poi il ministro della Salute Orazio Schillaci, governo Meloni: una norma approvata all'interno del decreto Energia del 28 marzo 2023 stabilisce l'interruzione dei contratti con le cooperative («Esternalizzazioni possibili una sola volta, per un massimo di dodici mesi e senza proroga»). La prima a muoversi in questa direzione è la Regione Lombardia che, per evitare il ricorso alle cooperative, si fa promotrice di bandi di concorso centralizzati al fine di ingaggiare direttamente i medici liberi professionisti da far lavorare nei Pronto soccorso. Il 23 gennaio 2024 l'assessore alla Sanità Guido Bertolaso spiega: «Primi in Italia abbiamo deciso di interrompere questa vergognosa vicenda dei gettonisti e delle cooperative. Abbiamo sempre ritenuto che fosse la cosa più immorale possibile e immaginabile vedere dei medici lavorare nei Pronto soccorso e nelle sale operatorie, in quelle che sono le situazioni più critiche, con stipendi molto bassi e ingiusti, come pure che fosse assolutamente ignobile che al fianco di questi colleghi ci fossero medici che per dodici ore di lavoro guadagnano 1500 euro. Sappiamo benissimo che molti di questi gettonisti lavorano la notte in un ospedale, poi smontano per andare in un altro ospedale e lavorano durante la giornata, lo hanno dichiarato loro stessi, guadagnando altri 1500 euro. In due o tre giorni, questi signori, senza preoccuparsi dei livelli di stanchezza, stress e possibile distrazione, guadagnano quei 5-6000 euro che poi permettono loro per il resto del mese di fare altro. Questo può accadere in una situazione di libero mercato in strutture che però non possono essere pubbliche».

La Lombardia fa dunque da apripista e in quasi tutta Italia il tentativo in corso è quello di far passare i gettonisti a un rapporto diretto con le aziende sanitarie pubbliche come liberi professionisti, in modo da mettere dei paletti sulla paga oraria, verificare titoli e competenze dei medici arruolati e imporre i turni di riposo per recuperare la lucidità necessaria a evitare errori nella cura dei pazienti. I contratti con le cooperative non andati in scadenza sono però ancora in essere e il fenomeno non può pertanto considerarsi superato.

Facendo affidamento sul virtuosismo ex post di Stato e Regioni, può anche darsi che entro qualche mese questa pratica rientri, ma resterà comunque emblematica di come gli errori commessi dai governi di turno ricadano, presto o tardi, sui cittadini, e di come sia difficile fermare un processo una volta innescato. Soprattutto se garantisce lauti guadagni. Il segnale che ci consegna il fenomeno, inoltre, è di una progressiva disaffezione dei medici nei confronti del Servizio sanitario nazionale, ed è anche la spia di frustrazioni profonde che derivano da richieste di prestazioni sempre più impossibili da soddisfare, in un contesto di svalutazione professionale ed economica ormai conclamato.

Quanto guadagnano davvero i medici ospedalieri?

Durante la pandemia e negli anni subito successivi, la tenuta del Servizio sanitario nazionale è stata garantita dallo sforzo eccezionale dei medici ospedalieri. L'approccio che nel tempo ha privilegiato il risparmio rispetto alla necessità e all'appropriatezza delle cure ha alimentato una politica autolesionista di contenimento delle spese per il personale sanitario. Inevitabilmente, lavorare nel Servizio sanitario è diventato via via più difficile, faticoso e ad alto rischio. Senza nemmeno le giuste gratificazioni, quantomeno economiche. Vediamo allora nel dettaglio, a partire dal Contratto collettivo nazionale, quanto guadagnano i 110.000 medici che oggi lavorano a tempo indeterminato negli ospedali pubblici.

Un primario di area chirurgica con incarico da oltre venticinque anni percepisce 8600 euro lordi al mese (per tredici mensilità), un medico con oltre quindici anni di anzianità riceve 6665 euro lordi, tra i cinque e i quindici anni di servizio la remunerazione è di 6305 euro lordi. Lo stipendio di un professionista in servizio da meno di cinque anni si ferma alla cifra di 4692 euro lordi. È utile fare un veloce confronto con la situazione all'estero, che spiega la ragione per la quale in molti scelgono di andarsene. A parità di potere d'acquisto, lo stipendio riconosciuto ai medici ospedalieri in Italia è all'incirca il 73 percento in meno dei colleghi olandesi, il 67 percento in meno dei tedeschi, il 39 percento in meno dei britannici.

Le cifre tengono già conto degli aumenti scattati a inizio 2024 in seguito alla firma del nuovo Contratto collettivo nazionale sottoscritto dall'Agenzia per la rappresentanza negoziale delle Pubbliche amministrazioni (Aran), che tratta per lo Stato, e dalle sigle sindacali che rappresentano i medici ospedalieri. Un accordo arrivato dopo mesi di trattative e numerose polemiche. La busta paga dei medici vede finalmente degli aumenti che valgono complessivamente quasi 2,4 miliardi di euro in un anno.

Innanzitutto, c'è un incremento di 135 euro lordi al mese (per tredici mensilità) sullo stipendio tabellare, cioè la parte di reddito uguale per tutti a prescindere da posizione e anzianità; sono poi aggiunti altri 76 euro lordi al mese (per tredici mensilità) per i primari e 52 per gli altri medici all'indennità di specificità sanitaria, come «riconoscimento e valorizzazione delle competenze e delle specifiche attività svolte» nella professione. Il compenso di posizione, cioè quello legato al ruolo ricoperto, vede un aumento di 41,50 euro per i primari, di 28,80 euro per chi ha oltre cinque anni di anzianità e di 9,20 euro per gli altri; infine, l'indennità per chi è a capo di una struttura complessa, dunque per i primari, cresce di 23,60 euro.

In sostanza, questi ultimi ricevono un aumento in busta paga di 276 euro lordi per tredici mensilità, pari al 3,3 percento; ai medici con oltre cinque anni di attività ne spettano 216,60, pari al 3,5 percento, e quelli con meno di cinque anni incassano 197 euro lordi, pari al 4,4 percento. A questi aumenti devono poi aggiungersi guardie, festivi e pronta disponibilità, che possono valere intorno ai 200 euro lordi mensili. Inoltre, già dal 2022 ai dirigenti medici operanti nei servizi di Pronto soccorso compete un'indennità di 12 euro lordi per ogni turno di dodici ore di effettiva presenza in servizio. Vista la grave carenza di personale, c'è da chiedersi se questi aumenti saranno sufficienti a motivare i nuovi medici, a trattenere chi è già in corsia, e a colmare il baratro che si è creato in alcuni reparti cruciali dove nessuno vuole più lavorare. È improbabile, perché le questioni di fondo, che ci riportano alla riforma del 1999 dell'allora ministra della Salute Rosy Bindi, restano le stesse.

Le regole partono dal presupposto che lo Stato non è in grado di retribuire i medici quanto dovrebbe. L'escamotage è quello di autorizzarli a svolgere una parte di attività (al di fuori delle 38 ore settimanali) in libera professione. All'interno dell'ospedale o in un ambulatorio collegato. Hanno scelto questa strada ben 44.791 professionisti. Il loro guadagno in media è di 20.000 euro in più l'anno, ma ovviamente c'è chi incassa di meno e chi raddoppia o triplica lo stipendio. Di certo non saranno gli aumenti scattati nel 2024 a spingerli a rinunciare alla libera professione.

Un'ulteriore possibilità concessa ai medici ospedalieri dalla legge Bindi è quella di rinunciare al vincolo di esclusiva per poter lavorare a pagamento, sempre fuori dall'orario di lavoro, nelle strutture private. Nel 2022 hanno preso questa decisione in 4134. Il vincolo di esclusiva per un primario vale 1804 euro al mese, per chi ha oltre cinque anni di anzianità va dai 1000 ai 1353 euro, per i professionisti sotto i cinque anni parliamo di 246 euro. Ciò che perdono rinunciando al vincolo lo incassano con meno di dieci visite. Anche in questo caso, non saranno aumenti mensili di poco più di 200 euro lordi a tenerli in corsia. I 61.055 medici che ancora non eseguono nessuna attività a pagamento, stravolti da turni massacranti e straordinari, sono sempre più tentati di abbandonare l'ospedale pubblico.

Non basteranno, infine, questi aumenti in busta paga a mitigare la frustrazione di quei medici costretti a subire umiliazioni. Emblematico è il caso dell'ospedale Niguarda, uno dei più importanti di Milano: i voti delle pagelle sulle capacità dei medici, a cui sono legate poche centinaia di euro come parte variabile della retribuzione, da anni vengono volontariamente abbassati perché nelle casse aziendali non ci sono abbastanza soldi per pagare i professionisti in rapporto alle loro competenze e al loro effettivo valore.

È dunque comprensibile che gli ospedali privati accreditati stiano diventando sempre più attrattivi, nonostante gli stipendi dei medici dipendenti che lavorano in queste strutture risultino in media più bassi del 20-30 percento. La differenza è che una delle forme di ingaggio più diffuse è il pagamento in percentuale al fatturato prodotto: il 15 percento della tariffa di un intervento chirurgico, che è di norma divisa tra un'équipe medica di tre persone; il 30-40 percento delle tariffe di rimborso degli esami diagnostici, e il 65 percento delle visite ambulatoriali. In pratica, più prescrizioni e più interventi fai, più guadagni. A questo punto è legittimo un dubbio: se uno stipendio lievita in base al numero di interventi, non è che un paziente viene operato anche quando non è necessario? Purtroppo, è una realtà. Ma questo lo vedremo più avanti.

Caccia ai professionisti stranieri

Nella migliore delle ipotesi, saremo costretti a fare i conti con l'emergenza-personale almeno fino al 2027, quando gli ingressi di nuovi medici nel Servizio sanitario nazionale al termine delle scuole di specializzazione e le uscite per pensionamento dovrebbero finalmente riequilibrarsi. Nel frattempo, per far fronte alla mancanza di personale nei nostri ospedali e ambulatori pubblici e privati, al fianco dei professionisti italiani lavorano 28.000 medici che arrivano da altri Paesi, di cui l'87 percento extra Ue. Titoli di quotidiani e telegiornali ci raccontano un'Italia che si affida sempre di più alle loro cure per salvare la sanità.

Ma chi sono questi medici, dove lavorano e a che condizioni? La loro è una storia che parte da lontano e che ci mostra un'altra Italia. Sembra passato un secolo da quando Foad Aodi e il suo amico Musa Abu Hegle, allora diciannovenni, sono partiti da Jaljulia, città araba al confine con la Cisgiordania, con l'intero Paese riunito per salutarli. In valigia il sogno di diventare dottore. È il settembre 1980 e l'Italia attira studenti in Medicina dai Paesi arabi (Siria, Libano, Palestina, Libia ed Egitto), dai Paesi africani (Nigeria, Camerun, Congo, Somalia) e dal Sudamerica (Argentina, Brasile, Cile, Perù). Molti di loro conoscono l'Italia per le imprese calcistiche di Antonio Cabrini, Paolo Rossi, Giancarlo Antognoni, che nel 1982 vinceranno gli storici Mondiali di calcio. Al termine degli studi, solo il 45 percento dei neolaureati stranieri decide di restare in Italia. Aodi è tra questi. L'11 luglio 1989 si laurea alla Sapienza di Roma, per poi specializzarsi in Fisiatria, Ortopedia e Traumatologia. Decide di restare per amore di Donatella, conosciuta all'università e diventata sua moglie. Sono insieme ormai da trent'anni. Con un decreto legge del 30 dicembre 1989, più noto come legge Martelli, è consentito a chi ha studiato in Italia di iscriversi all'Ordine dei Medici anche senza la cittadinanza italiana (a patto, ovviamente, di avere il permesso di soggiorno in regola). Il giovane dottore, che oggi ha sessant'anni, inizia così la sua carriera che lo porta a diventare direttore sanitario di tre centri medici, docente a contratto in Scienze infermieristiche e in Fisioterapia all'Università Tor Vergata, nonché storico fondatore e presidente dell'Amsi (Associazione dei medici di origine straniera in Italia). Insieme a lui, oltre duemila medici beneficiano della legge Martelli per lavorare nel nostro Paese, e quasi tutti hanno maturato i requisiti per ottenere la cittadinanza italiana.

È invece il 1995 quando Eugenia Kirilova Voukadinova, ventottenne con una laurea alla Sofia Medical University e specializzazione in Dermatologia e Malattie veneree, lascia la Bulgaria per costruirsi un futuro in Italia, a Roma. Sono gli anni successivi alla caduta del Muro di Berlino e nel nostro Paese arrivano professionisti anche da Romania, Albania, Moldavia, Polonia, Russia e Ucraina. In assenza di un riconoscimento del titolo di studio, tira a campare facendo flebo e medicazioni, per poi decidere di tornare all'università, stavolta a Tor Vergata, e prendere un'altra volta la laurea. Per esercitare ha bisogno del titolo e poi della specialità per poter lavorare. Deve insomma ricominciare daccapo. Il 31 agosto 1999 entra in vigore il decreto emanato dal presidente della Repubblica Carlo Azeglio Ciampi, che stabilisce quanto segue: «I cittadini stranieri, regolarmente soggiornanti in Italia che intendono iscriversi agli Ordini (...) se in possesso di un titolo abilitante all'esercizio di una professione, conseguito in un Paese non appartenente all'Unione europea, possono richiederne il riconoscimento ai fini dell'esercizio in Italia». Ma la burocrazia è talmente complicata che per la dottoressa arrivata a Roma da Sofia le porte restano chiuse.

La situazione si risolve nel 2007, quando la Bulgaria entra nell'Unione europea: «Nel giro di pochi mesi mi sono vista riconoscere la laurea della Sofia Medical University e, dopo un esame scritto e orale in lingua italiana, mi sono risparmiata la tesi di laurea a Tor Vergata». Ancora oggi chiunque voglia iscriversi all'Ordine dei Medici per esercitare in Italia deve, come la dottoressa Voukadinova, chiedere il riconoscimento del titolo di studio. La differenza è che per chi si laurea in Medicina in un Paese dell'Unione europea l'autorità competente a pronunciare il riconoscimento è il ministero della Salute, mentre per chi ha un titolo di studio ottenuto al di fuori dell'Unione europea il ministero deve indire la cosiddetta Conferenza dei servizi, a cui partecipa anche il ministero dell'Università.

Dal 2011, in seguito all'ondata di proteste e alle rivoluzioni note con il nome di «Primavera Araba», iniziano ad arrivare in Italia sempre più medici da Marocco, Algeria, Siria e Tunisia. Nel 2019, cioè l'anno prima della pandemia, il numero di professionisti stranieri nel nostro Paese arriva a 21.000, di cui 5200 provenienti da Paesi Ue. In pochi hanno la cittadinanza italiana, per il 75 percento lavorano nelle strutture private (accreditate e non). I medici extra Ue, infatti, non possono partecipare ai concorsi per essere assunti negli ospedali pubblici, a causa della vera e propria giungla di interpretazioni legislative che impegna da anni i tribunali. In assenza di leggi chiare, la prassi vuole che occorra fare riferimento all'articolo 51 della Costituzione, che dice: «Tutti i cittadini possono accedere agli uffici pubblici...». Tradotto nella pratica, significa che l'esercizio delle funzioni pubbliche – dunque anche l'attività di un medico arruolato dal Servizio sanitario nazionale – è tradizionalmente riservato solo ai cittadini italiani e, grazie a un decreto legislativo del 30 marzo 2001, anche a quelli europei, con l'unica esclusione dei ruoli legati alla tutela dell'interesse nazionale, cioè magistratura, corpi militari e di polizia.

Il 17 marzo 2020, nel pieno di uno dei mesi più difficili della pandemia, il decreto Cura Italia produce una svolta: gli ospedali pubblici hanno bisogno urgente di medici, così «per la durata dell'emergenza epidemiologica da Covid-19, si va in deroga ai precedenti decreti sul riconoscimento dei titoli di studio, ed è consentito l'esercizio temporaneo ai professionisti che intendono esercitare sul territorio nazionale una professione sanitaria conseguita all'estero (...). Gli interessati presentano istanza corredata di un certificato di iscrizione all'albo del Paese di provenienza alle Regioni e Province autonome, che possono procedere al reclutamento temporaneo di tali professionisti».

A quegli stessi giorni risale l'immagine dell'arrivo all'Ospedale Maggiore di Crema di quattro pulmini bianchi con a bordo la brigata medica Henry Reeve, proveniente da Cuba. Intervistato da Beppe Severgnini, il capo missione Carlos Ricardo Pérez Diaz dice: «Rimarremo finché è necessario e finché ci sentiamo utili». Loro sono in missione temporanea, i tanti medici stranieri che iniziano man mano a entrare negli ospedali italiani, invece, lo fanno per restare.

Ma fino a quando? La norma che abolisce l'obbligo di riconoscimento dei titoli di studio per i medici stranieri che vengono a svolgere la professione in Italia è prima prorogata fino al 31 dicembre 2021, poi 2022, ancora al 2023 e, infine, il decreto Milleproroghe la estende fino al 31 dicembre 2025: «Il professionista comunica all'Ordine competente l'ottenimento del riconoscimento in deroga da parte della Regione interessata, la denominazione della struttura sanitaria a contratto con il Servizio sanitario nazionale presso la quale presta l'attività».

Il 7 dicembre 2021 Giuseppe Catania, sindaco di Mussomeli, comune di 9932 abitanti a cinquantatré chilometri da Agrigento e cinquantotto da Caltanissetta, diviene promotore di uno dei primi accordi strutturati di cooperazione con Paesi esteri, cofirmato con l'Università nazionale di Rosario, Argentina, che prevede la possibilità di reclutare i medici specialisti mancanti all'ospedale comunale: chirurghi, pediatri, anestesisti, medici d'urgenza, ortopedici, fisiatri. Da parte sua, il sindaco si impegna a fornire gratuitamente corsi di lingua e assistenza logistica ai professionisti selezionati. Un'esperienza che fa scuola. Il 23 novembre 2023, l'assessorato alla Salute della Sicilia pubblica un avviso aperto, cioè senza scadenza, rivolto ai medici sia di Paesi dell'Unione europea che di provenienza extra Ue: «Devo garantire il diritto alla salute a tutti i siciliani» dice il presidente della Regione Renato Schifani. Il 17 agosto 2022, invece, il commissario *ad acta* per la Sanità in Calabria Roberto Occhiuto sottoscrive un accordo con la Comercializadora de servicios médicos cubanos S.A., società commerciale con capitale al 100 percento appartenente allo Stato cubano e controllata dal ministero della Salute pubblica di Cuba, con l'obiettivo di reclutare medici professionisti per strutture del servizio sanitario calabrese.

La caccia al medico straniero non è prerogativa delle Regioni del Sud. Il 31 dicembre 2023 si chiude un avviso pubblico di Regione Lombardia, aperto nel febbraio dello stesso anno, per raccogliere domande «ai fini dell'esercizio temporaneo della professione sanitaria di medico in base a una qualifica professionale conseguita all'estero». Secondo l'Amsi, diversi professionisti stranieri operano negli ospedali pubblici di Torino, Brescia, Padova, Bologna, Roma, oltre che a Bari, Cosenza, Napoli, Caltanissetta, Catania e Cagliari. Così, se in Italia nel 2019 solo il 25 percento dei medici stranieri lavorava nel servizio sanitario pubblico (quelli in possesso della cittadinanza italiana), oggi sono saliti al 40 percento.

Tuttavia, per gli ospedali pubblici resta il diktat: nessuna assunzione a tempo indeterminato. Queste possono avvenire sempre e solo attraverso i concorsi pubblici, ai quali i medici stranieri extra Ue e senza cittadinanza italiana non possono ancora partecipare. Un ingamberamento legislativo non al passo con i tempi e che, di nuovo, avvantaggia i privati.

Un mare di chirurghi estetici, mentre gli ospedali si svuotano

Tutte le difficoltà che ci troviamo ad affrontare oggi a causa di quella che abbiamo definito l'eutanasia della professione medica sono, come abbiamo visto, la conseguenza dei gravi errori commessi dalla politica e da un'incompetente gestione sanitaria. Oltretutto, le contromisure adottate fin qui per far fronte alla carenza di medici hanno già espresso il massimo del loro potenziale. Guardiamo gli specializzandi. Con la Finanziaria del 2018 possono partecipare ai concorsi pubblici, seppur con graduatoria separata, anche gli iscritti all'ultimo anno di specializzazione, in modo da poter entrare immediatamente in corsia una volta acquisito il titolo. Dal 2019, agli specializzandi viene data invece anche la possibilità di lavorare: lo possono fare dal penultimo anno, e a partire dal 2020, dal terzo. La legge del 3 luglio 2023 consente l'accesso al secondo anno. L'assunzione a tempo determinato, però, può essere convertita in tempo indeterminato solo con l'acquisizione del titolo di specializzazione.

È difficile tirare fuori nuovi assi dalla manica per far fronte alla carenza di personale. Il tema è sempre lo stesso: l'urgente necessità di una programmazione sanitaria lungimirante, in grado di formare i medici di cui c'è bisogno e di retribuirli il dovuto per non farli scappare. Le statistiche riportano che entro il 2027 il divario negli ospedali tra uscite (pensionamenti) e nuovi ingressi è destinato a ridursi, grazie all'aumento dei contratti di formazione. I dati dell'Associazione liberi specializzandi di Massimo Minerva evidenziano però che i numeri migliorano solo sulla carta.

La realtà mostra sempre un altro volto: più della metà dei posti nelle scuole di specializzazione per Medicina d'emergenza-urgenza rimane vuoto. I neolaureati in Medicina non si stracciano le vesti per intraprendere specialità con turni faticosissimi, rischiose e che non si prestano all'attività privata, che è poi quella che fa lievitare lo stipendio. Mezzi vuoti anche i posti di Radioterapia, quelli di Patologia clinica e Biochimica clinica (dove si impara a fare le analisi di laboratorio), Anatomia patologica, Microbiologia e Virologia. Al contrario, sono quasi tutti occupati i posti di Chirurgia plastica e ricostruttiva, così come quelli di Dermatologia e Oftalmologia, specialità super-gettonate perché danno facilmente accesso all'attività privata non convenzionata. La stessa ministra dell'Università e della ricerca Anna Maria Bernini ammette: «Oggi registriamo una domanda eccessiva per alcune specializzazioni, mentre altre sono quasi deserte. Così rischiamo di avere alcune qualifiche del tutto inflazionate e, ad esempio, non avere personale per la Medicina d'urgenza». E quindi, cosa intende proporre? Non è dato sapere.

Sono da considerare poi le ragioni per cui i concorsi negli ospedali vanno spesso a vuoto per carenza di aspiranti, soprattutto per le specialità più critiche. I casi più eclatanti, relativi agli anni 2022 e 2023, laddove è stato possibile recuperare i dati, sono i seguenti: in Lombardia, per un posto al Papa Giovanni XXIII di Bergamo e uno agli Spedali Civili di Brescia, considerati entrambi tra i più importanti Pronto soccorso lombardi, si presentano rispettivamente in trenta e in sedici; per sei posti agli ospedali Fatebenefratelli e Sacco, strutture fondamentali per la città di Milano, arrivano ventidue domande; per quattro posti al San Matteo di Pavia, altro punto di riferimento durante la pandemia, ci sono dieci domande. Nessuna richiesta, invece, per i dieci posti a tempo indeterminato al Pronto soccorso di Rho, hinterland milanese, e per i quattro di Crema, piccolo Pronto soccorso di provincia.

A Bologna, dall'agosto 2021 al settembre 2022, sono banditi sei concorsi per un medico di Pronto soccorso negli ospedali di Porretta Terme e di Vergato, entrambi sull'Appennino: il bando va deserto tre volte, per altre tre si iscrivono appena due candidati che in un caso non si presentano, negli altri sì ma poi rifiutano l'incarico. Al concorso del maggio 2023 per tre posti al Policlinico Sant'Orsola e per le Usl di Bologna e Imola, al contrario, si presentano immediatamente in venti. Come si può intuire, i medici di Pronto soccorso sono pochi e con turni sempre più impegnativi; è comprensibile, dunque, che scelgano almeno di lavorare negli ospedali più attrattivi, con opportunità più ampie e che consentono la crescita professionale.

Allo stesso modo, anche nel caso di altre specialità, i posti negli ospedali minori sono riempiti con grande difficoltà, mentre per quelli in strutture più prestigiose i candidati abbondano. Per esempio, nelle Marche l'azienda sanitaria di Macerata conta tre ospedali (Camerino e San Severino, oltre a quello della stessa Macerata) nell'entroterra, nella cosiddetta zona del «cratere sismico»: al concorso per due posti di Anestesia e Rianimazione si presenta un unico candidato, che non risulta neppure idoneo. Per la stessa specializzazione, invece, l'ospedale di Ancona riceve diciotto candidature per quattro posti. Pur di attirare personale sanitario nella «zona del cratere», a chi sceglie di risiedervi la Regione offre alloggio e incentivi fino a 12.000 euro l'anno.

Spostandoci all'Asl Toscana Centro, nel 2023 i ginecologi che rifiutano un'assunzione all'ospedale Santa Maria Annunziata di Firenze sono due, mentre al San Giuseppe di Empoli sedici; similmente, in Pediatria le rinunce al Santa Maria Annunziata di Firenze sono sei, contro le trentuno di Empoli. Entrambe le attività mediche si prestano alla libera professione e, probabilmente, nella valutazione dei professionisti su dove scegliere di lavorare conta anche questo aspetto. La difficoltà di trovare medici da assumere nell'ospedale dell'Isola d'Elba spinge la Regione Toscana a fare questa proposta: «Dopo tre anni all'Isola d'Elba puoi scegliere in quale ospedale di Livorno, Lucca e Pisa lavorare; dopo sei in quale di tutta la Toscana». In più, la busta paga è aumentata di circa 5-10.000 euro l'anno.

Va a vuoto anche la ricerca di ginecologi al Civile di Venezia, in città storica, nonostante per incentivare le assunzioni l'azienda sanitaria metta a disposizione camere a 300 euro al mese nella foresteria e appartamenti a prezzi calmierati: dai 305 ai 732 euro al mese. A gennaio 2024 i vuoti d'organico sono coperti con l'ingaggio di sei specialisti in libera professione, a 90 euro l'ora, quasi il doppio di un assunto. L'ospedale Dell'Angelo di Mestre, sempre a Venezia ma in terraferma, riesce al contrario ad assumere subito i quattro ginecologi di cui ha bisogno.

Il Sud Italia, poi, è in difficoltà cronica. A novembre 2023 la Regione Sicilia fa i conti: mancano 174 medici ad Agrigento, 154 a Caltanissetta, 159 a Catania, 116 a Enna, 169 a Messina, 210 a Palermo, 96 a Ragusa, 87 a Siracusa e 201 a Trapani. Complessivamente, nell'isola il fabbisogno è di 1494 professionisti.

Ciò di cui si continua a sentire la mancanza sono soluzioni di politica sanitaria a lungo termine. Soluzioni che – è il caso di ribadire – non possono limitarsi all'aumento indiscriminato del numero di medici, ma devono anche sviluppare incentivi mirati per farli lavorare dove serve. Ricordiamoci che i primi effetti di un'eventuale riforma sulla formazione dei medici che ci dovranno curare in futuro, se effettuata oggi, si vedranno tra un decennio. I dati disponibili per ragionarci su ci sono già: tra il 2023 e il 2032 andranno in pensione circa 109.000 medici, mentre, dopo l'aumento dei posti nelle facoltà di Medicina e nelle scuole di specializzazione, nello stesso periodo di tempo, se tutti i posti dovessero essere riempiti, saranno pronti per lavorare 141.000 medici. Il rischio stavolta è di avere una sovrabbondanza di professionisti, ma non dove servono, né con le competenze che servono. Anche in questo caso, i conti sono di Anaao Assomed, lo stesso sindacato che già nel 2011 aveva predetto il futuro catastrofico del Servizio sanitario nazionale. La situazione dunque è ben nota: al governo, ai ministri competenti, ai presidenti di Regione, ai direttori generali. Mentre i pazienti «la situazione» la scontano direttamente sulla loro pelle...

Il problema sottovalutato degli infermieri

E se l'Italia, concentrata a formare più medici del necessario, e non dove davvero servono, avesse anche bisogno di infermieri? La drammatica realtà è questa: nel giro di pochi anni rischiamo di tornare alla «pletora medica» degli anni Settanta, quando chi si laureava in Medicina faceva fatica a trovare lavoro, mentre mancheranno terribilmente gli infermieri. I conti dimostrano che entro il 2032 la programmazione in corso sfornerà 32.000 medici in eccesso. Già nel 2027, le entrate nel Servizio sanitario nazionale al termine delle scuole di specializzazione e le uscite per pensionamento dovrebbero finalmente riequilibrarsi: il fabbisogno totale stimato al 2027 è di 42.331 nuovi ospedalieri e, tenuto conto che il 10 percento non finisce gli studi e il 25 percento non resta a lavorare nel Servizio sanitario nazionale, saranno pronti 42.336 specialisti. Ma purtroppo i posti per le figure che più servono (come Medicina di emergenza-urgenza) messi a bando nelle scuole di specializzazione vanno deserti. Quindi quel buco è destinato ad allargarsi.

Per quanto riguarda infermieri e infermiere, le prospettive sono ancora più fosche. Oggi sono in 270.000 a lavorare negli ospedali pubblici del Servizio sanitario nazionale con contratto a tempo indeterminato. Gli standard internazionali dicono che per ogni medico ci dovrebbero essere tre infermieri: i medici sono 110.000. Vuol dire che ne mancano 60.000. Cifra peraltro sottostimata visto che al momento le corsie d'ospedale hanno ancora meno medici di quel che sarebbe necessario. Inoltre, per lo sviluppo dell'assistenza sul territorio previsto con le Case e gli Ospedali della Comunità che vedono come protagonista l'infermiere di famiglia, ne serviranno circa altri 23.000.

Il paradosso è che dal 2020 il numero dei laureati in Medicina supera il numero di laureati in Infermieristica. I calcoli di Angelo Mastrillo, docente in Organizzazione delle professioni sanitarie dell'Università di Bologna, ci aiutano a fare il punto. Prendiamo il 2023: i medici laureati risultano 9743 contro 9436 infermieri.

Con il decreto del 2 dicembre 1991, il diploma regionale di infermiere viene sostituito da una laurea triennale, più altri due anni per chi vuole la laurea magistrale. Per accedere c'è un test d'ingresso. Ma il problema della mancanza di infermieri non è nel numero di posti messi a bando, che nel 2024 sono stati 20.525, con una crescita del 30 percento in dieci anni. Il guaio è che il numero di candidati riesce a malapena a coprirli, tant'è che in alcune Regioni ne restano di vuoti; il 25 percento degli iscritti poi abbandona senza finire gli studi. Il motivo è la scarsa attrattività della professione: a un lavoro pesante non viene corrisposto adeguato riconoscimento economico e percorso di carriera all'interno dell'ospedale.

Le testimonianze di chi è in corsia raccontano fatica e frustrazione. A titolo di esempio, ne pubblichiamo tre, provenienti da tre strutture pubbliche diverse. La prima: «Per 1950 euro lordi al mese ci dobbiamo confrontare con alte responsabilità, rischi infettivi e aggressività quotidiane di pazienti e familiari, con possibilità di crescita come carriera al momento vicina allo zero... I sindacati devono impegnarsi a far aumentare lo stipendio almeno del 50 percento perché nessuno vuole più fare l'infermiere». La seconda: «Oltre a fare gli infermieri, negli ospedali italiani siamo ancora purtroppo costretti a fare anche gli operatori socio-sanitari (Oss), i portantini, gli amministrativi, il tutto chiaramente per la solita paga assolutamente inadatta a mille responsabilità e al carico lavorativo nei festivi e nei fine settimana». La terza: «Facciamo turni che vanno in media dalle 7 alle 10 ore in un qualche reparto di Medicina con decine di pazienti in carico, alterazione del ritmo biologico a causa dei turni di notte, spesso consecutivi, e nei giorni di festività, riposi che saltano per coprire il personale che manca in ogni momento, con il conseguente azzeramento della vita sociale. Nel tempo, il nostro lavoro è estremamente usurante a livello psicofisico. In più, abbiamo la considerazione sociale di un netturbino, con tutto il rispetto per il netturbino, e pure lo stipendio!».

Così la crisi di vocazione dei giovani che fanno fatica a iscriversi a Infermieristica va di pari passo anche con la fuga di chi lavora già in corsia, che si dimette dall'ospedale per seguire la strada dell'attività a pagamento sul territorio, remunerata mediamente 2500 euro lordi mensili. Infatti, gli infermieri liberi professionisti oggi sono 45.708, erano poco più di 42.000 solo nel 2022, e 38.000 nel 2017.

Insieme a chi abbandona le corsie d'ospedale per la libera professione, secondo i calcoli della Federazione nazionale degli ordini delle professioni infermieristiche (Fnopi), nel 2023 tremila infermieri hanno lasciato il nostro Paese per andare all'estero, dove girano ben altre buste paga. In Canton Ticino, sulla base della tabella salariale dell'ente che gestisce gli ospedali pubblici ticinesi, lo stipendio lordo mensile è di 5666 euro, da cui vanno detratte le spese delle diverse assicurazioni sociali, l'imposta alla fonte svizzera e l'Irpef italiana. A conti fatti la differenza di salario tra Ticino e Lombardia per un infermiere è circa del 60 percento. E così, per rimpiazzare quelli che vanno in Svizzera come frontalieri, Regione Lombardia deve andare in cerca di infermieri in Sudamerica.

Occorre inoltre fare i conti con i pensionamenti. Claudio Buongiorno Sottoriva, ricercatore del Cergas-Sda Bocconi, stima che da oggi al 2032 andranno in pensione circa settemila infermieri l'anno nel Servizio sanitario nazionale, più altri seimila liberi professionisti che lavorano nelle strutture private. Vuol dire che, se tutto procede come oggi, non avremo i numeri né per sostituirli, né per tappare la carenza cronica di infermieri che ci trasciniamo da anni, né tantomeno per far fronte alle nuove necessità dell'assistenza sul territorio. Nello stesso periodo di tempo, infatti, secondo i conti di Mastrillo, ci saranno verosimilmente solo 95.000 ingressi di neolaureati. Nei prossimi dieci anni, dunque, il saldo tra entrate e uscite si annuncia in negativo di 35.000 infermieri.

È il motivo per cui lo scorso luglio la Federazione nazionale degli ordini delle professioni infermieristiche ha promosso sui canali social e nelle università il video motivazionale «Infermieri NextGen» che suona come una *call to action*. L'obiettivo è cercare di cambiare la percezione della professione infermieristica, mostrando le opportunità professionali e umane che la scelta di intraprendere questa strada può offrire alle nuove generazioni. Un'iniziativa meritevole, ma non basta una bella confezione a rendere appetibile una busta paga troppo scarsa. Come vedremo anche nel prossimo capitolo, chi ci governa ha raddoppiato il numero di medici in formazione in pochi anni, e passa il tempo a discutere di come eliminare il numero chiuso alla facoltà di Medicina, senza ragionare su come uscire dalle sabbie mobili in cui ci fa precipitare la mancanza di infermieri. Anche perché non si tratta di una condanna divina... le soluzioni, volendo, esistono. Ma hanno un prezzo, mentre le chiacchiere sono sempre gratis.

L'esperto di sanità del Cergas-Sda Bocconi Francesco Longo propone di retribuire gli anni di formazione universitaria degli infermieri a partire dal momento in cui iniziano i tirocini pratici: 600 euro al mese il primo anno, 800 il secondo anno, 1000 euro il terzo anno. Secondo la Federazione nazionale degli ordini delle professioni infermieristiche non porterebbe lontano, perché il tasso di abbandono durante il corso triennale è elevato, e quindi c'è il rischio di attrarre iscritti più per i soldi che per una reale vocazione. Sarebbe invece giusto dare una borsa di studio a chi, terminata la formazione di base, intraprende i due anni di laurea magistrale. Sul modello delle scuole di specializzazione in Medicina.

Da anni in Francia, Spagna, Danimarca, Finlandia, Svezia e Regno Unito, seppur con modalità differenti, viene attribuita agli infermieri la responsabilità di prescrivere alcuni farmaci ai pazienti. In Italia è una questione delicata perché non bisogna urtare la suscettibilità dei medici, ma la Federazione nazionale degli ordini delle professioni infermieristiche ne sta discutendo con il ministro della Salute Orazio Schillaci: l'idea è di permettere almeno a chi esce dai nuovi corsi di laurea magistrale più innovativi (come quello di Medicina d'emergenza-urgenza) di prescrivere i presidi assistenziali (come pannoloni e cateteri, eccetera). La logica di un eventuale provvedimento sarebbe quella di dare maggiori responsabilità, per accrescere l'*appeal* della professione. Facendo finta, però, di ignorare il fatto che l'*appeal* si chiama prima di tutto salario. Perché uno dovrebbe farsi dai tre ai cinque anni di università sapendo che al massimo si porterà a casa 1950 euro lordi al mese, e con pochissime prospettive di carriera?

In Italia, infine, abbiamo ventitré professioni sanitarie diverse: infermiere, infermiere pediatrico, ostetrico, podologo, fisioterapista, osteopata, dietista, audiometrista e tecnici sanitari dei più svariati tipi, tra cui tecnico di Radiologia, di Laboratorio biomedico, di Neurofisiopatologia, della Fisiopatologia cardiocircolatoria e perfusione cardiovascolare, Audioprotesista, eccetera. In Germania, per dire, ce ne sono solo otto. Di fronte a questa crisi, avrebbe almeno senso rendere i percorsi di formazione meno frammentati.

Al momento l'unica soluzione messa in campo dalla politica sta nel decreto Bollette della primavera 2023: l'eliminazione del vincolo di esclusività per gli infermieri dipendenti del Servizio sanitario nazionale. Che tradotto significa: non posso pagarti di più, dunque ti permetto di andare a lavorare dove vuoi finito il tuo turno di lavoro nell'ospedale pubblico. Lo stesso meccanismo proposto ai medici dal decreto Bindi del 1999, che ha prodotto i risultati che adesso sappiamo.

La deriva delle scuole di specializzazione

Sarò un futuro pediatra, ma mi chiedo quanti genitori sarebbero contenti di farmi visitare i loro figli se sapessero che durante la mia formazione non ho mai visto gestire «dal vivo» bambini in situazioni complesse. Questo succede perché mi sto formando nell'azienda ospedaliera universitaria Mater Domini, sede dell'Università Magna Graecia di Catanzaro. La mia scuola di specializzazione dispone solamente di ambulatori e degenze di day hospital, ma non del reparto di degenza ordinaria, né di posti di osservazione breve-intensiva. Per legge dovrebbero esserci entrambi i reparti, in modo da consentire agli specializzandi di imparare «vedendo» anche i casi gravi, così da essere in grado di riconoscere, per esempio, i bambini con la chetoacidosi diabetica, o con la dispnea, la quale può essere legata a cause polmonari, cardiache e metaboliche, oppure quelli che si presentano in condizioni di disidratazione, un caso apparentemente semplice ma potenzialmente molto insidioso. Veniamo mandati solo pochi mesi in altre strutture della rete pediatrica calabrese, anche lì però la proba-

bilità che ci troviamo davanti a una di queste condizioni è minima. In tutte le scuole di specializzazione in Pediatria che ci sono in Italia è presente il reparto di degenza ordinaria, qui no! Ogni anno la nostra scuola viene puntualmente accreditata, grazie a qualche «trucchetto» formale. La conseguenza di questo stato di cose è che i genitori calabresi continuano a portare i loro bambini a curarsi in altre regioni. Con tutti i costi economici, umani e sociali che la migrazione sanitaria comporta. Purtroppo anche la mortalità infantile qui è più alta rispetto alle altre regioni italiane. Mi chiedo: nel nostro Paese è accettabile l'idea che, a seconda di dove nasci o vivi, puoi avere una maggiore o una minore probabilità di cura e di sopravvivenza? Sono tollerabili queste differenze sostanziali nella formazione degli specialisti? E possono dipendere dalla regione in cui risiede questa o quella scuola di specializzazione?

3

Il falso problema del numero chiuso

La politica, si sa, è fatta di proclami a effetto e buoni comunicatori. C'è un'emergenza medici negli ospedali? La soluzione è a portata di mano: aboliamo il numero chiuso degli ingressi alle facoltà di Medicina. Un numero maggiore di laureati, infatti, vorrà dire più dottori a curare i malati nel prossimo futuro. Non è forse quello che vogliamo? Più facile di così... E basta con i soliti gufi a dirci che la soluzione è più complessa, che va analizzato il sistema, e via discorrendo.

L'abolizione del numero chiuso, per di più, fa felici gli aspiranti studenti universitari, per i quali lo sbarramento è un ostacolo che minaccia sogni e aspettative. Inoltre, a completare il quadro c'è il fatto che la campagna contro il numero chiuso a Medicina rispecchia perfettamente le convinzioni di gran parte dell'opinione pubblica. Perché allora non andar dritti alla meta e chiudere la questione? Purtroppo le soluzioni facili a volte possono pure peggiorare la situazione. Vediamo perché.

Il numero chiuso è stato introdotto da una legge del 1999, promossa dall'allora ministro dell'Università e della ricerca Ortensio Zecchino, governo D'Alema. La norma stabilisce un principio sacrosanto: gli accessi alle facoltà di Medicina devono essere commisurati alla disponibilità di aule, docenti, laboratori, nonché alle reali possibilità di tirocinio e partecipazione degli studenti alle attività formative obbligatorie. Altrimenti che preparazione avrebbero i medici in corsia? Le ragioni alla base della legge sono principalmente due: garantire ai futuri medici la formazione migliore possibile e sfornare un numero di professionisti che sia proporzionato alle reali necessità di cura. Negli anni Settanta, per esempio, il rischio di formare un esercito di disoccupati era reale, ed è lo stesso che si ripropone oggi di fronte a una crescita spropositata degli accessi. Con la nuova norma, ogni anno gli atenei devono comunicare al ministero il numero di posti a disposizione. In contemporanea, la Conferenza Stato-Regioni raccoglie i dati sul fabbisogno di dottori da lì a dieci anni – cioè al momento in cui gli studenti, terminata la specialità, si inseriranno effettivamente nel mondo del lavoro – e si apre un «tavolo di programma» per ragionare sul numero di posti da mettere a bando.

Fino al 2018, su sessantamila domande, meno di diecimila venivano accolte nelle trentasette università pubbliche e nelle quattro private dotate di una facoltà di Medicina. Riesce a passare un candidato su sette, in pratica meno del 15 percento delle richieste complessive. A partire dal 2019, si inizia ad allargare un po' le maglie. I rettori degli atenei si impegnano a garantire più accessi. Si arriva a superare gli 11.500 posti disponibili: un candidato su quattro entra in facoltà, e si passa dal 15 al 25 percento dei richiedenti, che superano le prove con successo e avviano il percorso di formazione universitaria. La vera svolta arriva però solo dopo il Covid, quando l'Italia è costretta a fare i conti con tutti gli errori di programmazione sanitaria del passato. All'improvviso si decide di imputare alla rigidità di selezione dei due decenni precedenti la penuria di medici che mette in ginocchio il Servizio sanitario nazionale.

In quel preciso momento, il numero di posti messi a disposizione dagli atenei inizia a crescere in modo esponenziale, e arriva a raggiungere quota 14.740 nel 2022. L'Università Statale di Milano, per esempio, passa dai 410 posti del 2013 ai 515 del 2022; La Sapienza e Tor Vergata, a Roma, rispettivamente da 908 a 1156 e da 240 a 290; a Bologna si sale da 400 a 614 posizioni, a Firenze da 330 si arriva a 378 e alla Federico II di Napoli da 413 si passa a 623 posti.

Più vengono aumentati i posti, più aumenta il rischio che si abbassi la qualità dei candidati ammessi. Per ovviare al problema, arrivano le misure necessarie: le prove d'accesso devono essere costruite a partire da criteri di selezione che siano i migliori possibili. Quante volte abbiamo sentito parlare di test improbabili? Per aspirare a diventare medico era opportuno sapere quando è stato promulgato lo Statuto albertino, cos'è il neoguelfismo, in quale Paese nel 1905 è nato il partito Sinn Féin, come funziona la bolletta elettrica, e conoscere la musica dodecafonica. Vediamo una selezione delle domande più assurde del test di Medicina negli anni: «Contro la pratica diffusa delle detenzioni arbitrarie, una norma ha imposto la sollecita conduzione dell'imputato al cospetto di un magistrato che potesse, valutate le motivazioni dell'arresto, convalidarlo oppure annullarlo. Si tratta: A) dell'habeas corpus B) del placet C) del dictatus papae D) del non expedit E) dell'exequatur»; «La locuzione "gomitolo di strade" costituisce una: A) metafora B) metonimia C) similitudine D) sineddoche E) perifrasi»; «Lo Statuto albertino fu promulgato da Carlo Alberto nel: A) 1848 B) 1838 C) 1858 D) 1868 E) 1828»; «A quale dei seguenti personaggi del Risorgimento rimanda il concetto di "neoguelfismo"? A) Gioberti B) D'Azeglio C) Balbo D) Mazzini E) Ferrari»; «Si individui l'abbinamento ERRATO. A) Terenzio/Tragedie B) Omero/Iliade C) Petronio/Satyricon D) Orazio/Satire E) Tibullo/Elegie»; «Il Sinn Féin, partito indipendentista e repubblicano, fondato nel 1905, rimanda a UNO dei seguenti, storicamente contesi, contesti geografici: A) all'Irlanda B) a Malta C) a Cipro D) alla Corsica E) alle Falkland»; «Nella bolletta di un'azienda elettrica l'importo da pagare per i consumi è determinato prevalentemente in base: A) al lavoro che si sarebbe potuto compiere con l'energia consumata B) alla tensione della corrente erogata C) alla resistenza degli elettrodomestici usati D) alla portata del contatore E) al numero dei componenti della famiglia»; «L'origine della tragedia, nel teatro greco: A) è legata al ditirambo, un canto in onore di Dioniso B) si deve a una legge voluta dalla politica culturale di Pericle C) è legata alla sconfitta di Atene da parte di Sparta D) si deve all'iniziativa di una compagnia di attori guidati da Eschilo E) si deve all'istituzione del primo gioco olimpico»; «Il celebre quadro *I Girasoli* fu dipinto da: A) Van Gogh B) Matisse C) Gauguin D) Rousseau E) Fontana»; «La musica dodecafonica, una tecnica di composizione ideata da Arnold Schönberg, è un tipo di musica: A) contemporanea B) medioevale C) antica D) barocca E) simultanea».

Su questo aspetto, negli anni, sono stati fatti diversi interventi. Dal 2023, a seguito di un decreto del settembre 2022, con il governo Draghi in carica, la struttura del test cambia: raddoppiano le sessioni di prova, che diventano due all'anno (ad aprile e luglio), alle quali potrà partecipare non solo chi sta facendo la maturità o l'ha già conseguita, ma tutti gli iscritti all'ultimo o penultimo anno delle scuole superiori. Questi ultimi potranno inserire il loro miglior punteggio nella piattaforma dove sarà poi stilata la graduatoria. L'obiettivo è rendere il test un criterio effettivamente valido ed equo per la selezione dei futuri medici. È in fondo quel che tutti noi auspichiamo.

Nel frattempo, il numero degli studenti ammessi ogni anno continua a salire: nell'anno accademico 2024-2025 i candidati che passano la prova sono 20.867, cioè il 113 percento in più rispetto al 2018. Sembra quasi un liberi tutti. Gli atenei pubblici con una facoltà di Medicina sono diventati quarantatré, e ben nove sono quelli all'interno delle università private. Sono proprio queste ultime, dove la retta annuale può superare i 20.000 euro, a registrare l'aumento più significativo: gli iscritti passano dai 706 pre-Covid ai 4254 odierni. Tra le nuove facoltà private di Medicina ci sono quella della Libera Università degli Studi di Enna-Kore e quella della Libera Università Mediterranea (LUM Giuseppe Degennaro) di Bari. Gli studenti iscritti fanno il tirocinio rispettivamente all'ospedale di Enna e al Miulli di Acquaviva delle Fonti: entrambi sono ospedali pubblici che mettono a disposizione le loro strutture, mentre le rette vengono incassate dai privati. La quota di ammissione a Medicina alla Kore è di 10.000 euro, a cui si sommano 3500 euro l'anno per la frequentazione dei corsi, con un incasso annuo di 5,4 milioni di euro per 400 studenti; la LUM costa invece 15.000 euro l'anno, con un incasso annuo di 4,35 milioni di euro per un totale di 290 studenti.

Non c'è dubbio, dunque, che l'attuale crescita spropositata degli studenti di Medicina, che saranno pronti a fare i medici tra dieci anni – quando è già previsto che i buchi di organico negli ospedali si ridurranno per il riequilibrio tra medici entranti e pensionandi, come abbiamo già raccontato – si rivela uno straordinario affare cavalcato dagli atenei privati, che si appoggiano oltretutto alle strutture pubbliche per garantire la formazione prevista dalla legge.

Le novità che non servono

Il 24 aprile 2024, il Comitato ristretto della Commissione Istruzione del Senato vota quasi all'unanimità una proposta di legge che fa esultare il leader della Lega Matteo Salvini: «Grande soddisfazione per lo stop al numero chiuso a Medicina, una storica battaglia della Lega che sta finalmente andando avanti in Commissione Istruzione al Senato. Dalle parole ai fatti!». Sembra il via libera all'abolizione del numero chiuso. Il 5 maggio la ministra dell'Università e della ricerca Anna Maria Bernini annuncia: «A partire da oggi tutti gli studenti potranno iniziare a esercitarsi in vista della prima prova per l'ingresso alla facoltà di Medicina che si terrà a fine maggio. E quest'anno lo potranno fare con una certezza in più: i sessanta quesiti saran-

LA DERIVA DELLE SCUOLE DI SPECIALIZZAZIONE

no estratti da una banca dati che abbiamo voluto rendere pubblica proprio per superare alcune criticità che si erano manifestate con i vecchi quiz. Si tratta comunque di una tappa intermedia, c'è una riforma alle porte con un obiettivo chiaro: mettere lo studente e le sue aspirazioni al centro della nostra azione». La comunicazione lascia intendere una cosa precisa: si va verso la fine dello sbarramento. Giriamo allora la domanda al contrario: se non ci fosse stato il numero chiuso, oggi avremmo i medici che servono? E se oggi quel numero chiuso lo eliminiamo del tutto, tra dieci anni il problema sarebbe risolto?

La verità è che fino al 2019 il problema non è stato il numero limitato di accessi alla facoltà di Medicina, ma quel che è successo dopo la laurea. Si chiama, lo ricordiamo, «imbuto formativo». Un documento della Conferenza Stato-Regioni del 21 giugno 2018 esplicita chiaramente l'errore che si è ripetuto negli anni: «Per l'anno accademico 2017-2018 il fabbisogno stimato di medici è pari a 8569 unità, mentre le risorse disponibili per il medesimo anno consentono il finanziamento a carico del bilancio dello Stato di 6200 contratti di formazione specialistica, con una differenza di 2369 unità. Il significativo scostamento tra l'esigenza di medici e quello che può essere concretamente soddisfatto con le risorse statali si è registrato anche negli anni accademici precedenti. Il fenomeno è destinato a produrre una carenza di medici specializzati per il Servizio sanitario nazionale». Allora il motivo principale della mancanza di medici negli ospedali non è dovuto a un basso numero di laureati in Medicina, bensì all'alto numero di neolaureati escluso dalle scuole di specializzazione per motivi prettamente economici, visto che per ogni specializzando lo Stato deve investire, lo ribadiamo, da 102.000 a 128.000 euro.

Il contraccolpo della pandemia ha fatto crescere i posti nelle scuole di specialità, che arrivano a 15.700: praticamente il doppio rispetto al 2018. Attualmente però il numero di posti banditi è superiore a quello dei candidati che si presentano e, a fronte dell'ampia possibilità di scelta, i posti nelle specialità più utili e necessarie, come abbiamo già detto, restano in gran parte vuoti. Un problema, quest'ultimo, che certamente non si risolve eliminando lo sbarramento all'ingresso nella facoltà di Medicina.

A questo punto, l'obiettivo principale dovrebbe essere far sì che chi redige la programmazione sanitaria, cioè il ministero della Salute, e chi bandisce i posti, il Miur, bilanci l'offerta delle scuole di specializzazione: sarebbe necessario ridurre i posti nelle specialità più richieste – che sono quelle meno rischiose e faticose, che consentono inoltre l'attività a pagamento – a favore di quelle utili a formare i medici in Medicina d'urgenza e nelle altre specialità di cui c'è davvero bisogno negli ospedali. Invece il chiodo fisso del governo continua a essere l'eliminazione del numero chiuso a Medicina. Adesso lo abbiamo capito, non serve a nulla, ma è uno slogan facile da comunicare. Tanta propaganda, zero soluzioni concrete.

Il grande inganno

Dopo tutte queste esultazioni, andiamo a vedere cosa prevede in concreto il provvedimento. La novità è che l'iscrizione al primo semestre di Medicina diventa libera, cioè senza più alcun test d'ingresso. La barriera non è però eliminata, ma semplicemente spostata al secondo semestre. Insomma, i ministri della Salute e dell'Università continueranno a stabilire un numero limitato di posti a disposizione; la differenza è che la selezione avverrà sulla base di una graduatoria che terrà conto dei risultati degli esami sostenuti dagli studenti nel primo semestre universitario e di eventuali altri criteri da definire.

Francesco Zaffini (FdI), relatore del provvedimento, chiarisce su «Quotidiano Sanità»: «L'obiettivo è di dare avvio a queste nuove modalità di accesso a partire dall'anno accademico 2025-2026. Possiamo però già oggi dire che le lezioni del primo semestre, così come lo svolgimento degli esami – che dovrebbero essere quattro – saranno per lo più in modalità telematica. Se ad esempio, come si pensa, si registreranno 70-80.000 immatricolazioni, è del tutto evidente che non si potrà in alcun modo prevedere un obbligo di frequenza. Sarebbe impossibile reperire gli spazi necessari. Dunque, solo in quel primo semestre, la formazione sarà prevalentemente a distanza, con l'ausilio di tutor, oltre che dei docenti delle materie interessate». Il risultato è che una marea di aspiranti dottori pagherà la retta universitaria, frequenterà i primi sei mesi di Medicina quasi sempre da casa, perché in aula non ci sarebbe lo spazio per contenere tutti; dopodiché, più della metà andrà a sbattere contro la barriera d'accesso, e pertanto a casa continuerà a restarci. Con tanti saluti e arrivederci!

Gian Vincenzo Zuccotti, direttore del dipartimento di Pediatria dell'Ospedale dei Bambini Vittore Buzzi e prorettore dell'Università Statale di Milano, esprime in modo chiaro le perplessità condivise dalla maggior parte dei colleghi: «L'ipotesi "semestre filtro" richiede investimenti sui docenti oltre che su spazi e organizzazione. Il rischio è di non riuscire a stare dietro alle esigenze degli studenti, e i ritardi comprometterebbero tutto. È complicato: si rischia di fare un pasticcio».

Come si dice, a volte la toppa è peggio del buco.

Le scuole di specializzazione «fuorilegge»

Quello del numero chiuso è dunque un falso problema. Oltretutto, dopo aver formato per decenni troppo pochi specializzandi, adesso rischiamo di formarne un numero esagerato in specialità che non servono a coprire i buchi di organico, e che penalizzano il funzionamento degli ospedali. C'è poi un ulteriore, gravissimo problema che riguarda la qualità dei medici del futuro.

Domanda: è possibile che un chirurgo sia sbattuto in sala operatoria senza aver eseguito il numero di interventi considerato indispensabile per saper maneggiare un bisturi, o che un ginecologo ostetrico entri in sala parto insieme alla puerpera senza avere le competenze necessarie? Ancora: è possibile che un radiologo, un ortopedico, un pediatra e un internista di turno in Pronto soccorso durante gli anni di tirocinio abbiano svolto gran parte della loro formazione in ospedali senza Pronto soccorso, dunque senza mai avere avuto a che fare con le urgenze? Sì, oggi è possibile. Faremmo visitare nostro figlio da un pediatra che non ha visto più di dieci bambini con problemi acuti, perché nell'ospedale dove ha trascorso la maggior parte del tempo durante il corso di formazione non ne ha avuto occasione? A saperlo, certamente la risposta è no. Peccato che molto spesso neppure lo sappiamo, capita e basta.

Quello che si definisce uno «specialista» è un laureato in Medicina che, dopo aver conseguito il titolo universitario, compie da tre a cinque anni di studi e di pratica in ospedale per diventare cardiochirurgo, rianimatore, oncologo, ortopedico, ginecologo, anestesista e così via. Questo secondo ciclo di formazione è attualmente affidato a 1438 scuole di specializzazione. Ognuna di esse fa capo a una delle quarantacinque università sede dei corsi di specialità, ed è collegata a un ospedale universitario dove gli specializzandi svolgono il loro tirocinio.

I neolaureati in Medicina sono selezionati con un concorso nazionale a quiz al quale partecipano più o meno altrettanti candidati. Lo Stato li finanzia con oltre 1,6 miliardi l'anno, ai quali bisogna aggiungere altri 121,5 milioni sborsati dalle Regioni. È d'obbligo però chiedersi se questi futuri medici siano messi nelle condizioni di avere la migliore formazione possibile, l'unica in grado di garantirci di essere curati adeguatamente.

I requisiti richiesti per consentire una formazione ideale sono i seguenti: almeno due docenti considerati competenti in base a indicatori di performance della loro attività scientifica, un tutor ogni tre specializzandi, laboratori attrezzati, un volume di ricoveri in grado di assicurare la casistica clinica indispensabile per imparare, un numero minimo di interventi chirurgici ai quali chi è in formazione deve partecipare anche come primo operatore. Questi standard minimi sono stati definiti nel 2017 dalle allora ministre Valeria Fedeli (Istruzione e Università) e Beatrice Lorenzin (Salute), con l'obiettivo di fornire per la prima volta parametri rigorosi per garantire una buona preparazione a chi frequenta le scuole di specialità. L'Osservatorio nazionale della formazione medica specialistica deve decidere quali strutture abbiano i requisiti richiesti per l'accreditamento. L'ente dipende dagli stessi ministeri della Salute e dell'Università, ed è composto da sedici membri: tre sono scelti tra i presidi di facoltà, tre da ognuno dei due ministeri, altri tre dalle Regioni, tre infine sono rappresentativi delle associazioni di specializzandi, cui si aggiunge il presidente, di solito un docente universitario di prestigio. Attualmente, la carica è ricoperta da Eugenio Gaudio, rettore dell'Università La Sapienza di Roma dal 2014 al 2020.

L'accreditamento è dunque il procedimento attraverso il quale il ministero della Salute, di concerto con il ministero dell'Università e su proposta dell'Osservatorio nazionale, riconosce una scuola di specializzazione con sede principale in un ospedale universitario e con strutture collegate (la cosiddetta «rete formativa») utili a completare l'offerta. L'accreditamento può essere conferito anche in via provvisoria a quelle scuole che non hanno tutti i requisiti, a patto che assicurino di mettersi in regola entro due anni con la presentazione di un piano di adeguamento. Spesso, tuttavia, le irregolarità persistono e si trascinano ben oltre i termini stabiliti dalla legge.

Sempre nel 2017, per la prima volta le scuole di specializzazione vengono censite e valutate in base a criteri precisi. Un dossier pressoché inaccessibile, stilato proprio dall'Osservatorio nazionale e inviato nell'agosto di quell'anno all'esame dei ministeri della Salute e dell'Istruzione, mette nero su bianco che 135 scuole di specializzazione distribuite su tutto il territorio nazionale non erano in grado di fornire una formazione adeguata. Neppure la metà di tutte le scuole, il 47,2 percento, è risultata davvero in regola, e ben il 43,3 percento sono state indicate come da autorizzare con riserva, in attesa dei documenti utili a dimostrare la presenza dei requisiti. «La nostra proposta è elaborata sulla base di elementi oggettivi e non discrezionali, valorizzati anche grazie all'adozione di algoritmi condivisi collegialmente» si legge nel verbale secretato della riunione dell'Osservatorio datata 8 agosto e convocata d'urgenza, dopo che il ministero della Salute aveva tentato di bloccare le esclusioni. «Le deliberazioni sono state assunte anche sulla base di valutazioni effettuate dall'Agenzia nazionale di valutazione del sistema universitario e della ricerca (Anvur) e dall'Agenzia nazionale per i servizi sanitari regionali (Agenas), che si sono avvalse di parametri oggettivi».

Un altro documento riservato del febbraio 2019, sempre elaborato dall'Osservatorio nazionale della formazione medica specialistica, si concentra invece sulla qualità dei docenti. Il risultato mostra che in 386 scuole di specializzazione gli insegnanti non sono in numero sufficiente a garantire un buon livello di formazione, oppure non hanno i requisiti minimi di qualità scientifica richiesti dalla legge in termini di pubblicazioni. È il motivo per cui, su un totale di 1358 scuole di specializzazione allora attive, almeno una su quattro avrebbe dovuto essere chiusa.

Oggi, considerata la crescita esponenziale del numero di medici in formazione, com'è la situazione? Possiamo ricostruirla con informazioni rigorosamente custodite nei database dell'Osservatorio nazionale.

Incredibile, ma vero

Sembra assurdo doverlo specificare, ma la presenza del Pronto soccorso è obbligatoria per l'accreditamento delle scuole di specializzazione in Medicina d'emergenza e urgenza. Eppure, per dieci anni a Napoli gli specializzandi in questo settore delle Università Federico II e Vanvitelli hanno svolto il tirocinio rispettivamente negli ospedali Federico II e vecchio Policlinico, entrambi sprovvisti di Pronto soccorso. Solo i più fortunati venivano mandati, a rotazione, negli altri ospedali collegati alla rete formativa, come il San Paolo, l'Ospedale Evangelico Villa Betania, il Cardarelli, oppure a Caserta o ad Aversa. Ma la legge è chiara: il Pronto soccorso dev'essere presente sia nella sede principale, sia nelle altre strutture della rete. «Quante volte sono andato in Pronto soccorso lo scorso anno? Neanche una» racconta uno specializzando della Federico II; un altro aggiunge: «Io faccio le guardie notturne in Cardiologia e, siccome lì ci sono i turni da coprire, anche quest'anno in Pronto soccorso non ci andrò». Lo scandalo viene fuori a novembre del 2018 e i due atenei corrono almeno formalmente ai ripari. Nel dicembre del 2018 l'Università Federico II firma un protocollo d'intesa con il quale si impegna a formare gli specializzandi in Medicina d'urgenza all'ospedale Cardarelli e l'Università Vanvitelli sposta la propria sede negli ospedali dell'Asl di Caserta, dove i Pronto soccorso ci sono. Problema risolto? Come risulta dal sito della scuola di specializzazione in Medicina d'urgenza della Vanvitelli, il direttore ha ancora il suo ufficio al padiglione 2 del vecchio Policlinico di Napoli, senza Pronto soccorso. Sarà un caso?

La presenza del Pronto soccorso, poi, è obbligatoria per l'accreditamento delle scuole di specializzazione in Medicina interna, Ortopedia e Traumatologia, Pediatria, Radiodiagnostica, Malattie dell'apparato digerente e cardiovascolare e diverse altre. Dunque, per esempio, anche gli specializzandi in Pediatria della Federico II dovrebbero fare il tirocinio al Pronto soccorso del Cardarelli, per potersi confrontare con casi di bambini che si presentano con febbre alta, convulsioni, tosse persistente, eccetera. Peccato che al Pronto soccorso del Cardarelli di bambini non se ne veda neppure uno, semplicemente perché la Pediatria lì non c'è! Anche i radiologi e gli ortopedici della Federico II passano la gran parte del loro tempo in reparti privi di Pronto soccorso. Così viene meno il principio stabilito dalla legge: per essere in grado di occuparsi in futuro di pazienti affetti da patologie acute e urgenti, bisogna starci costantemente in contatto durante il tirocinio.

Andiamo avanti. Per essere sede di una scuola di specializzazione in Chirurgia vascolare, l'ospedale deve eseguire all'anno cento interventi di alta chirurgia, duecento di media, trecento di piccola, e cinquanta di Chirurgia endovascolare. In totale, dunque, sono seicentocinquanta operazioni. Lo dice la legge. Non solo: lo specializzando deve essere primo operatore in novanta operazioni e secondo operatore in centoquarantacinque. Il Policlinico di Bari, sede dell'Università Aldo Moro, pur avendo eseguito solo 397 interventi chirurgici all'anno, poco più di uno al giorno contando tutti i fine settimana e le festività, forma i chirurghi vascolari che, in futuro, dovranno operare pazienti con aneurisma dell'aorta oppure per le vene varicose. Facciamo due conti: il tirocinio dura cinque anni e attualmente è frequentato da diciannove specializzandi, ognuno dei quali dovrebbe eseguire come primo operatore, si è detto, novanta interventi; il totale di operazioni chirurgiche che dovrebbero essere eseguite dagli specializzandi nel quinquennio è dunque 1710. Peccato che, come risulta dalle cartelle cliniche dei pazienti esaminate da Agenas, negli ultimi cinque anni il Policlinico di Bari abbia svolto all'incirca 1900 operazioni chirurgiche. Vorrebbe dire che, per rispettare i requisiti richiesti dalla legge, quasi tutti gli interventi dovrebbero essere svolti da uno specializzando come primo operatore, il che è evidentemente irrealistico.

L'Osservatorio nazionale della formazione medica specialistica riconosce il problema e scrive: «Il numero di interventi adeguato deve essere raggiunto entro un anno». Nel frattempo, la speranza è che gli specializzandi eseguano gli interventi chirurgici necessari per diventare buoni chirurghi vascolari negli altri ospedali della rete formativa collegati alla scuola di specializzazione: sui libretti dove viene registrata la loro attività, i numeri alla fine devono tornare, altrimenti il titolo di specializzazione non può essere conseguito.

Per essere sede di una scuola di specializzazione in Neurochirurgia, invece, l'ospedale deve svolgere all'anno 530 interventi: ottanta di alta chirurgia, centocinquanta di media, trecento di piccola; lo specializzando deve essere primo operatore in 137 e secondo operatore in 248. Il tutto seguito da almeno seicento ricoveri. Sempre sulla base delle cartelle cliniche dei pazienti, l'Azienda ospedaliera universitaria Paolo Giaccone, che fa capo alla scuola di specializzazione dell'Università di Palermo, esegue complessivamente solo 331 interventi con 279 ricoveri. Anche qui l'auspicio è che i futuri neurochirurghi vengano mandati all'esterno a eseguire le operazioni previste dalla legge. Ci fideremmo altrimenti a farci operare al cervello da un medico che ha preso in mano il bisturi così poche volte?

Veniamo alla Cardiochirurgia: la legge stabilisce che l'ospedale debba eseguire trecento interventi di alta chirurgia, cento di media, cento di piccola; in centotrenta interventi lo specializzando deve essere primo operatore e secondo operatore in trecentotrenta. Cosa succede al Policlinico San Martino di Genova, sede della scuola di specializzazione dell'ateneo della città, da cui gli specializzandi, letteralmente, scappano? Dal 2021 al 2023 sono stati messi a disposizione dieci posti per il tirocinio: gli iscritti sono solo sette, di cui tre se ne sono andati. Il tasso di abbandono è del 43 percento contro una media nazionale del 26 per cento. È piuttosto ovvio che la percentuale è condizionata dalla scarsa qualità delle scuole. Il dato, dunque, dovrebbe essere preso in seria considerazione – come prevede tra l'altro la legge del 2017 sugli accreditamenti – per valutare l'opportunità o meno di mantenere quella specifica sede di specializzazione. Eppure, nessuno sembra mostrare interesse al riguardo.

Abbiamo capito anche quant'è importante per il futuro medico vedere una casistica ampia: è l'unica cosa che gli permette di imparare a districarsi nelle più svariate circostanze. All'Università degli Studi Magna Graecia di Catanzaro, la scuola di specializzazione in Medicina interna ha sede nell'ospedale Mater Domini: affinché gli specializzandi possano disporre della casistica adeguata alla propria formazione, la legge prevede che servano milleduecento tra ricoveri ordinari e day hospital. Nei documenti ufficiali firmati dal direttore sanitario dell'azienda ospedaliera universitaria, ne sono dichiarati 2779. In realtà, secondo i dati Agenas, sempre ricavati dalle cartelle cliniche dei pazienti, il loro numero si ferma a 581, nemmeno la metà di quelli necessari. «Qui io non sto imparando nulla, perché i pazienti li vedo con il binocolo!» confessa uno specializzando. E continua: «Ci sono solo dieci posti letto: al momento delle visite ai ricoverati, non ci stiamo nemmeno tutti nella stanza, perché siamo in dodici che dobbiamo imparare in uno spazio ristretto e per un numero ridotto di malati. La maggior parte del tempo la passiamo purtroppo al bar, perché non c'è nulla da fare. Manca persino il Pronto soccorso, che vuol dire che non impariamo a trattare neanche i casi urgenti».

Non sono messi meglio, sempre a Catanzaro, i pediatri in formazione: «Attualmente la nostra scuola dispone solamente di ambulatori e degenze day hospital: il reparto di Pediatria non c'è!» denunciano. «Così, i pazienti ricoverati li vediamo solo quando facciamo qualche mese in altri ospedali della rete formativa, cosa che capita davvero raramente. Questa situazione compromette gravemente il completamento della nostra formazione. Siamo l'unica scuola di Pediatria d'Italia che non possiede la degenza ordinaria, il che ci impedisce di raggiungere i livelli formativi stabiliti dalla legge».

Analogamente ai casi sopra citati, un futuro oncologo medico deve formarsi in un ospedale dov'è presente la Radioterapia e dove avvengono almeno millecinquecento ricoveri l'anno: l'Azienda ospedaliera universitaria Paolo Giaccone, che è sede della scuola in Oncologia medica dell'Università di Palermo, non ha la Radioterapia e di ricoveri ne conta solo cinquantaquattro l'anno. Vuol dire ricoverare un paziente alla settimana: con una casistica così limitata, quanto può imparare un futuro medico? Eppure, negli ultimi quattro anni gli specializzandi in formazione sono stati trentatré. Anche da qui, otto se ne sono andati, e il tasso di abbandono è del 25 percento, contro la media nazionale per la specialità che si attesta al 17 percento.

Per prepararsi come si deve, la legge stabilisce che un reumatologo debba fare il tirocinio in un reparto d'ospedale con duecentocinquanta ricoveri ordinari o day hospital e quattromila visite ambulatoriali l'anno: la scuola di specializzazione di Reumatologia dell'Università degli Studi di Messina, che ha sede nell'Azienda ospedaliera universitaria Gaetano Martino, dichiara centoquaranta ricoveri; l'Agenas, al contrario, ne certifica solo sessantatré. Scrive l'Osservatorio nazionale: «La scuola presenta volumi della sede e delle collegate sottosoglia che andranno adeguati a quanto previsto dal decreto interministeriale 402/2017 entro la prossima tornata di accreditamento». La lista è lunga...

I compiti principali di un anatomopatologo sono quelli di eseguire le diagnosi istologiche per verificare l'eventuale presenza di un tumore e svolgere le autopsie per capire le cause di un decesso. Come può imparare a farlo uno specializzando la cui scuola esegue un'autopsia ogni due mesi? Ciononostante, succede al Campus Bio-Medico di Roma: «Il numero totale dei Riscontri diagnostici necroscopici annui (totale riscontrato dalla somma delle autopsie attestate per singola unità operativa dentro alla rete formativa, e indicate nella sezione degli standard assistenziali della Banca Dati Cineca)» scrive l'Osservatorio nazionale «non raggiunge il valore soglia di attivazione, per la relativa prestazione, previsto nei requisiti assistenziali dal decreto interministeriale n. 402/2017». Ma la scuola va comunque avanti a formare specializzandi.

Il Policlinico Tor Vergata, invece, dove ha sede la scuola di specializzazione in Otorinolaringoiatria, per sette anni di fila non ha raggiunto il numero di ricoveri richiesti dalla legge. Solo dal 2024, finalmente, viene espulsa «per standard assistenziali inferiori ai minimi». Sarebbe utile sapere in quali strutture sono finiti gli otorinolaringoiatri usciti da questa scuola negli ultimi anni.

Un'ulteriore criticità all'interno delle scuole di specializzazione per i giovani medici è rappresentata dal fatto che i docenti non sono in numero sufficiente a garantire un'adeguata formazione, oppure non hanno i requisiti minimi di qualità scientifica richiesti dalla legge in termini di pubblicazioni. La loro preparazione, sembra un'ovvietà, è indispensabile per trasmettere le migliori competenze. Gli indicatori con cui sono valutati i professori sono quelli stabiliti dall'Agenzia nazionale di valutazione del sistema universitario e della ricerca: ciascun insegnante, in base alla propria specialità di riferimento, deve avere un certo numero di pubblicazioni a dimostrazione della sua preparazione e del suo aggiornamento scientifico. Prendiamo il caso dell'Università degli Studi di Ferrara, che prepara i futuri nefrologi con tirocini all'azienda ospedaliera della città. Nel 2021 l'Osservatorio nazionale della formazione medica specialistica scrive: «La scuola dovrà garantire l'adeguamento dell'indicatore (sulla preparazione dei docenti, *nda*) per la prossima tornata di accreditamento». Un impegno mai rispettato. Così, alla fine di luglio del 2024, l'Osservatorio nazionale decide di non accreditarla più, con la seguente motivazione: «L'indicatore Anvur (che misura il numero e la qualità delle pubblicazioni scientifiche, *nda*) è sottosoglia rispetto a quanto previsto dal decreto interministeriale 402/2017».

Quello che emerge da questa serie di esempi è un quadro allarmante, fatto di medici che troppo spesso escono dalla specializzazione senza aver potuto approfondire le proprie competenze e senza l'esperienza necessaria per essere autonomi e poter esercitare correttamente la professione. La conferma arriva anche da altri dati. Nell'ottobre del 2023, l'Associazione liberi specializzandi (Als) pubblica i risultati di un questionario del ministero dell'Università e della ricerca che monitora la condizione delle scuole di specializzazione e a cui hanno partecipato, anonimamente, 34.391 specializzandi di 1213 scuole. In settanta di queste, almeno due terzi dei futuri medici dichiarano di non avere mai avuto, o di averlo avuto solo raramente, il tutor obbligatorio per legge ogni tre specializzandi. Alla domanda se la scuola avesse offerto un'attività didattica in linea con il piano formativo, in ventidue scuole sempre più dei due terzi degli iscritti risponde negativamente. Chi è in formazione, poi, deve ruotare tra i reparti di diversi ospedali in modo da avere una rete formativa varia: in 178 scuole, oltre la metà degli specializzandi ammette di non essere stata mandata da nessuna parte; in compenso, in quattrocento scuole, più della metà degli specializzandi denuncia di essere obbligata a lavorare più di trentotto ore settimanali, perché costretta a coprire la carenza di personale. Ci sono scuole dove la norma è restare in corsia più del doppio del tempo previsto dalla legge. In ben 239 scuole, il grado di soddisfazione medio (da 1 a 10) attribuito dagli specializzandi è inferiore a 6. Ovvero, insufficiente.

Gli interessi in gioco

Per una scuola di specializzazione che viene eliminata dalla rete di formazione perché non è all'altezza, ecco che ne spuntano dieci nuove ma con problemi analoghi.

Una risposta sul perché succede questo non c'è. Il dato di fatto è che per gli atenei ottenere un accreditamento come scuola di specializzazione è importante, dal momento che garantisce l'incasso delle tasse universitarie (dai 1000 ai 3600 euro circa l'anno a specializzando), e una posizione di prestigio sia per l'ospedale universitario, sia per i professori titolari di cattedra. Inoltre, la presenza della scuola significa avere in corsia forza lavoro a costo zero, visto che gli specializzandi li paga lo Stato con la borsa di studio. Cristina Tassorelli, neurologa alla guida della facoltà di Medicina dell'Università di Pavia e tra gli esperti dell'Osservatorio nazionale, ammette: «Da noi uno specializzando guadagna 25.000 euro lordi l'anno pur essendo un medico laureato e abilitato, con turni e guardie, il cui impegno permette spesso al reparto di andare avanti». Insomma, gli interessi in gioco, per l'accademia, non sono pochi. Per chi gestisce le scuole di specializzazione e gli ospedali collegati alla rete di formazione quel che conta è essere accreditati, mentre la qualità della preparazione dei futuri specialisti è un aspetto secondario. Non dappertutto, ovviamente, ma è una sciatteria piuttosto diffusa, con le ricadute che possiamo intuire.

Questo sistema va avanti da anni. E a conti fatti, lo status quo fa comodo a molti. Che la selezione delle scuole sia considerata un problema marginale lo dimostra anche quanto successo negli ultimi mesi. I neolaureati in Medicina devono scegliere a quale scuola di specializzazione iscriversi tra il 13 e il 23 settembre 2024. Entro la metà di settembre, quindi, l'Osservatorio nazionale per la formazione medica specialistica deve valutare le scuole da ammettere alla rete nazionale. L'ultima riunione del vecchio Osservatorio, arrivato a fine mandato, è stata il 14 novembre 2023. I ministeri della Salute e dell'Università hanno rinnovato la sua composizione il 14 maggio 2024, sei mesi dopo la scadenza, e la prima riunione dopo la nomina dei nuovi esperti è datata 18 giugno 2024. Il tempo a disposizione per valutare la presenza dei requisiti di qualità delle 1480 scuole è stato solo di un mese e otto giorni. Il 26 luglio, infatti, i giochi si sono chiusi, con l'espulsione di 42 scuole, un numero tutt'altro che irrilevante. Ma è comunque legittimo chiedersi: quali controlli approfonditi sono stati possibili in così poco tempo e quali scuole sono state accreditate nonostante requisiti quantomeno dubbi?

I paradossi della formazione

È commosso Matteo Geri da Lodi, allora trentaduenne, quando il 4 ottobre 2018 all'Hotel Chia Laguna, Sud Sardegna, sale sul palco del 75° congresso della Federazione italiana medici di medicina generale per ricevere il Premio Mario Boni. Il riconoscimento è attribuito a medici che si sono particolarmente distinti per capacità, coraggio, abnegazione e sacrificio nello svolgere la propria attività.

Qual è il suo merito? Qualche mese prima, il 12 febbraio 2018, Geri riceve una telefonata. Una voce gli comunica: «È tra i candidati ammessi all'Accademia di formazione per il servizio socio-sanitario di Regione Lombardia». È la porta d'ingresso al mestiere di medico di base. Quello stesso giorno si presenta dal professor Stefano Perlini, suo tutor alla scuola di specializzazione del San Matteo di Pavia, per comunicargli che lascerà la scuola di Medicina d'emergenza-urgenza a cui è iscritto da qualche mese.

Perché gli vale un premio la scelta di rinunciare a una borsa di studio, che gli avrebbe permesso di lavorare in Pronto soccorso, per diventare invece medico di famiglia? Il motivo è che la sua decisione, una vera dichiarazione d'amore per un mestiere che nessuno vuole più fare, è in assoluta controtendenza. Tant'è che la sua storia fa il giro d'Italia.

I suoi coetanei, come abbiamo raccontato, fanno esattamente l'opposto: due neolaureati su tre al momento di iniziare la formazione per diventare medico di famiglia fanno un passo indietro. Il motivo è che chi ha un'alternativa segue un'altra strada: tra pazienti scontenti e pratiche burocratiche da smaltire, l'*appeal* della professione è in caduta libera; la borsa di studio per la formazione è di soli 966 euro al mese, meno della metà della busta paga di chi si prepara per diventare cardiologo, ortopedico, ginecologo, o altro ruolo in corsia. La stragrande maggioranza dei giovani laureati si sente più legittimata se dimostra competenze clinico-specialistiche, mentre solo il 19 percento è attratto dal valore del rapporto con il paziente.

Un caso isolato, quello di Matteo Geri, e per questo stes-

LA DERIVA DELLE SCUOLE DI SPECIALIZZAZIONE

so motivo significativo. Proprio in quel periodo un'indagine dell'Accademia di formazione di Regione Lombardia svolta su 355 tirocinanti mostra che troppo spesso chi finisce per dedicarsi alla Medicina generale lo fa con il rimpianto della corsia. Il rammarico dei più è di non essere riusciti a entrare nelle scuole di specializzazione e di essere stati costretti a ripiegare sulla Medicina generale.

Tutto ciò accadeva già nel 2018, quando le scuole di specializzazione avevano solo 6934 posti, e accade oggi che sono saliti a 15.700. Infatti, nel 2018, i posti di formazione per diventare medico di famiglia erano 2093 per 8793 candidati, mentre oggi ci sono 2596 posti per un totale di appena 2780 candidati (dati 2023). Il problema è che, in alcune Regioni, gli aspiranti sono in numero inferiore ai posti disponibili, e in dieci (tra le quali Lombardia, Piemonte, Veneto e Toscana) non sono riuscite a coprire tutte le borse di studio. Ben 347 sono andate a vuoto.

È il principio dei vasi comunicanti. Così come l'aumento indiscriminato dei posti nelle scuole di specializzazione fa diminuire gli iscritti ai corsi triennali per diventare medici di famiglia, la crescita dei posti nelle facoltà di Medicina (arrivati nel 2024 a 20.867 contro i 9779 del 2018) ha pesanti contraccolpi sulle iscrizioni ai corsi di laurea triennale in Infermieristica. Parlano i numeri: se nel 2018 i posti disponibili per diventare infermieri erano 14.882, adesso sono all'incirca 20.000. I candidati però sono passati dai 25.000 in media degli ultimi sei anni a 23.540. Claudio Costa, esperto di programmazione sanitaria della Conferenza Stato-Regioni, stima: «Ogni duemila posti in più a Medicina abbiamo circa cinquemila iscritti in meno ai corsi di formazione per le professioni sanitarie». Il ragionamento è chiaro: chi vuole andare a lavorare in ospedale e non passa i test a Medicina, è probabile che ripieghi sulla laurea in Infermieristica. Dal momento in cui aumentano gli accessi a Medicina, si abbassa il numero dei potenziali infermieri.

Tutto questo insegna che se gli interventi di programmazione sanitaria sono fatti con il paraocchi, cioè in modo non coordinato, non solo non producono i risultati desiderati nel lungo periodo, ma rischiano addirittura di essere controproducenti.

La via crucis delle liste d'attesa

Nella disgrazia penso pure di essere fortunata, perché il mio tumore non è aggressivo ed è stato diagnosticato tempestivamente. Quello che è successo dopo è tutta un'altra storia. È il mese di ottobre del 2023: mammografia di routine, qualcosa non va. Comincia l'iter: visita dall'oncologo, ago aspirato. A inizio dicembre diagnosi: tumore circoscritto, altri esami, intervento a fine gennaio. Alla fine di febbraio arriva l'esito istologico: c'è un problema a qualche linfonodo, si tratta di un caso in cui è necessario richiedere l'esame genomico per capire se la terapia più adatta sia la chemioterapia o la radioterapia. Alla fine di marzo mi comunicano il risultato: fortunatamente nessuna chemio, ma va iniziata il prima possibile la radioterapia. «La chiameremo presto» mi dicono. Tenevo sempre il telefono in mano e alla vista: al lavoro, in bagno, in chiesa. Dopo un mese mi sono fatta coraggio e ho telefonato: «Capisco la sua ansia, signora, ma davanti ci sono altre pazienti, nei due anni di Covid sono saltati tanti esami, abbiamo più pazienti oncologici e non c'è abbastanza personale. Ma stia tranquilla, vedrà che a breve la chiameremo». Mio marito voleva chiedere un prestito in banca per fare le cure a pagamento, tuttavia mi hanno detto che in questi casi non ci sono scorciatoie. La chiamata arriva a metà maggio, la cura dura una settimana. La tappa successiva è una flebo per le ossa, ma è un farmaco particolare e prima occorre accertare che non ci siano problemi ai denti. Tra radiografia alla bocca e visita maxillofacciale passa un altro mese: mi dicono che devo togliere tre denti e devo rivolgermi al pronto soccorso odontoiatrico del policlinico. Una volta là, il dentista vuol vedere la lastra, però non riesce ad accedere al fascicolo sanitario dell'altro ospedale. Così ne fa un'altra. A fine luglio ho finito, porto la documentazione al centro oncologico per fare la flebo che mi farà stare meglio. Sono stata convocata per il 20 settembre. Quando hai un tumore, sappiamo tutti che la differenza la fa il tempo, non si dice sempre e ovunque così? Ho cinquant'anni, potevo essere calva e invece ho tutti i capelli in testa, però ogni notte mi prende lo stesso una gran paura che di tempo ne sia passato troppo.

4

A Natale siamo tutti più sani

Sarà la coda lunga dell'estate, saranno le temperature che anche negli ultimi mesi dell'anno consentono perfino una gita al mare, fatto sta che da ottobre a dicembre, se guardiamo ai numeri delle visite specialistiche e degli esami di laboratorio, sembrerebbe che gli italiani tendano ad ammalarsi di meno... o a curarsi di meno. Come mostrano i più recenti dati dell'Agenas, nell'ultimo trimestre del 2023 si sono registrati otto milioni di esami a carico del Servizio sanitario nazionale in meno rispetto ai mesi di gennaio, febbraio e marzo. Non si tratta di un'eccezione, il fenomeno si ripete da anni.

Sebbene il 64 percento degli esami di laboratorio richiesti dai cittadini italiani (emocromo, glicemia, colesterolo, urine, eccetera) sia svolto negli ospedali e negli ambulatori pubblici, il crollo autunnale delle analisi si concentra soprattutto nelle strutture private convenzionate. Queste ultime, infatti, ne eseguono sei milioni in meno, con un calo del 10 percento, mentre il pubblico – che, se fosse rispettata la proporzione, dovrebbe perderne di più – riduce l'attività solo del 2 percento, che corrisponde a due milioni di prestazioni in meno.

Verso fine anno, risulta ampiamente in calo anche il numero degli accertamenti diagnostici, radiografie, Tac, risonanze magnetiche, gastroscopie, ecografie. Il pubblico, che ne effettua il 58 percento, registra di nuovo una flessione del 2 percento; gli ospedali e gli ambulatori accreditati, che coprono il 42 percento rimanente, a ottobre, novembre e dicembre segnano un calo superiore al 4 percento. Anche i fisioterapisti e i logopedisti a fine anno sembra che abbiamo meno lavoro da fare, ma solo nelle strutture convenzionate, dove svolgono 44.000 prestazioni in meno; nel pubblico, al contrario, si contano 109.000 prestazioni in più. Che cosa rivelano questi dati? Ed è vero che negli ultimi mesi dell'anno siamo tutti più sani?

La ragione di questa stranezza è solo contabile: gli ospedali e soprattutto i privati convenzionati, infatti, eseguono le analisi del sangue, gli accertamenti diagnostici e la riabilitazione a carico del Servizio sanitario nazionale finché ci sono i soldi dei rimborsi. Quando finiscono, come capita spesso, guarda caso, nell'ultimo trimestre, chiudono le agende per le prenotazioni e rimandano tutto all'anno successivo. Come riferiscono medici, infermieri e addetti alle prenotazioni, ai pazienti viene semplicemente detto: «La lista d'attesa è molto lunga, si va all'anno prossimo. Se ha fretta, le offriamo un pacchetto di prestazioni a pagamento». Eccola qui l'amara verità! Ma di preciso come funziona il meccanismo?

Le Regioni rimborsano a ogni singola struttura le prestazioni erogate ai pazienti sulla base di un budget annuale definito. Nel pubblico, i direttori generali che sforano non fanno certo una bella figura, tuttavia sanno che lo Stato rimetterà le cose a posto; i privati convenzionati, al contrario, una volta raggiunto il tetto di spesa non sono più rimborsati e rischiano dunque di rimetterci in proprio. Eventualità scrupolosamente da evitare. Così, nell'ultimo trimestre, queste strutture scelgono scientemente di rallentare l'attività, con buona pace dei cittadini in attesa, che non possono permettersi di pagare.

Eppure, l'articolo 32 della Costituzione italiana recita: «La Repubblica tutela la salute come fondamentale diritto dell'individuo e interesse della collettività, e garantisce cure gratuite agli indigenti». Su questo diritto abbiamo costruito uno dei sistemi sanitari migliori al mondo, salvo poi smembrarlo progressivamente nel corso degli anni, pentircene e giurare di risanarlo. Nel frattempo, per il cittadino le attese si fanno sempre più lunghe, in un percorso di cura che ormai troppo spesso assomiglia a un calvario. E anche per chi è disposto a pagare, le cose non sempre sono più facili. Quante volte ti dicono: «Primo appuntamento libero fra tre mesi»?

Da circa vent'anni la comunicazione, trasparente e aggiornata, dei dati relativi alle liste d'attesa è considerata uno strumento imprescindibile. Da una parte, permette al paziente di orientarsi, e valutare allo stesso tempo le capacità di chi governa la sanità; dall'altra, aiuta gli addetti ai lavori a adottare le misure più idonee per aumentare il numero di prestazioni là dove è necessario. Proprio per questa ragione, la legge stabilisce l'obbligo per le Regioni di monitorare questi dati e di pubblicarli su siti dedicati. In particolare, devono essere resi noti i tempi previsti per ottenere una prima visita specialistica relativamente a quattordici prestazioni e quelli per cinquantacinque esami diagnostici che, proprio a tutela del diritto alla salute garantito dalla nostra Costituzione, devono essere erogati entro tempi definiti.

Il Piano nazionale di governo delle liste di attesa (Pngla) del febbraio 2019, voluto dall'allora ministra della Salute Giulia Grillo, è stato pensato proprio per assicurare, nel triennio successivo, tempistiche certe per l'ottenimento delle prestazioni sanitarie in base a «classi di priorità» stabilite dal medico al momento della compilazione dell'impegnativa, a seconda della gravità delle condizioni di salute del paziente. Il provvedimento stabilisce che il Servizio sanitario nazionale deve garantire una prestazione entro settantadue ore se questa è considerata come urgente, «classe U». I giorni invece salgono a dieci se la visita o l'esame sono di «classe B», cioè breve. Si arriva a trenta giorni per una visita, e a sessanta per un esame diagnostico se le prestazioni rientrano invece nella «classe D», cioè differibile. Si passa poi a sei mesi nel caso di una prestazione programmabile, cioè di «classe P». Scesa a quattro mesi a partire dal 2020. Un obbligo analogo sussiste per i ricoveri, che devono avvenire entro trenta giorni per i casi clinici che rischiano di aggravarsi rapidamente, sessanta se sono presenti dolore intenso o gravi disfunzioni, centoventi se il dolore è minimo e dodici mesi se non si riscontrano dolore o urgenza.

La prenotazione della visita o dell'esame diagnostico avviene tramite i Cup telefonici, presso gli sportelli ospedalieri, tramite i siti web regionali. Prescrizione medica, codice fiscale e tessera sanitaria alla mano, o attraverso il fascicolo sanitario. In quel momento, a ciascun paziente vengono comunicate le date disponibili per la prestazione richiesta, che molto spesso sforano i tempi stabiliti dalla legge. Se prima del 2019 la situazione delle liste d'attesa era preoccupante, gli anni della pandemia hanno contribuito ad aggravare un sistema già fortemente in difficoltà.

Il 2020, in particolare, sconta l'effetto Covid. I mesi di marzo, aprile e maggio vedono una sospensione di quasi tutte le prestazioni non urgenti e un parallelo calo delle richieste, dovuto alla paura di contagiarsi in ospedale. Secondo i calcoli del Centro ricerca in economia e management in sanità (Crems) dell'Università Carlo Cattaneo, solo in quei tre mesi saltano 12,5 milioni di esami diagnostici, 20,4 milioni di analisi del sangue, 13,9 milioni di visite specialistiche e oltre un milione di ricoveri. L'ovvia conseguenza di questi dati è un intasamento del sistema, con un ulteriore allungamento delle liste d'attesa.

Secondo il XXII Rapporto di Cittadinanzattiva, che con il Tribunale per i diritti del malato raccoglie ed elabora le segnalazioni dei cittadini in tema di salute, per una risonanza magnetica alla testa in media si devono aspettare fino a dodici mesi. Dai dati pubblicati dalle Regioni, invece, l'attesa risulta in media di trenta giorni nel 2019 e di ventisette nel 2020. Gli epidemiologi del gruppo di Monitoraggio per gli impatti indiretti del Covid-19 indicano poi che con la pandemia gli interventi chirurgici per il tumore al seno hanno subito rallentamenti importanti, con un calo stimato tra il 20 e il 40 percento. Anche in questo caso, è inevitabile che il recupero del tempo perso ingolfi il sistema. Tuttavia, dai dati delle Regioni risulta addirittura un miglioramento nei giorni di attesa: si passa dai trentanove del 2019, ai ventitré del 2020. Per una visita oculistica, secondo il Crems, da metà 2020 i tempi di attesa sono raddoppiati: centoquarantaquattro giorni contro i settanta del 2019. Dall'analisi dei dati forniti dalle Regioni emergono invece altri numeri: i giorni di attesa previsti nel 2019 sono stati venticinque, che sono diventati ventotto nel 2020. Perché le informazioni regionali divergono, guarda caso in positivo, da quelle emerse nelle altre rilevazioni? La risposta è che il meccanismo di controllo non funziona, e per diverse ragioni.

Innanzitutto, il calcolo dei tempi di attesa viene eseguito solo su una settimana-indice stabilita a discrezione della Regione ed esclusivamente a partire dai dati di alcune aziende sanitarie, probabilmente le più efficienti. Non viene poi rispettata la lista di tutte le prestazioni che sarebbero da monitorare per legge, e non sono specificati i tempi entro i quali ciascuna prestazione andrebbe garantita in base ai codici di priorità. Oltretutto, vengono indicati indifferentemente il tempo di attesa «in previsione» e quello «a posteriori», molto diversi tra loro: il primo indica quando avrai l'appuntamento a partire dal momento della prenotazione, il secondo misura l'attesa che c'è stata tra la prenotazione e l'effettiva erogazione della prestazione.

Sembra la stessa cosa ma, come vedremo, la differenza è sostanziale. Insomma, il sistema di monitoraggio delle liste di attesa che, pur non risolvendo il problema dovrebbe perlomeno aiutare a comprenderlo, finora non è riuscito a garantire né la qualità né la completezza delle informazioni. E questo proprio perché la normativa da un lato obbliga le Regioni a inserire e a rendere pubblici i dati, ma dall'altro le lascia libere di scegliere i criteri di misurazione. In questo modo, però, ognuna adotta il criterio più conveniente per far tornare i conti, almeno «sulla carta». Inoltre, laddove il Piano del governo sulle liste d'attesa nel 2019 prevede degli obblighi ben definiti (come, per esempio, il tipo di prestazione da monitorare), nel caso in cui una Regione sia inadempiente non specifica alcun tipo di sanzione. Così, finora sono state prodotte montagne di dati disordinati che non servono a nulla. È evidente che, se mancano informazioni complete e veritiere sulle performance del sistema sanitario, diventa impossibile capire dove intervenire.

I trucchi per nascondere i ritardi

Resta il fatto che, dopo i due anni di picco del Covid, recuperare velocemente le prestazioni sanitarie perse a causa della paralisi dell'attività programmata è diventata un'assoluta priorità. Ne va della salute dei cittadini.

La realtà, all'indomani della pandemia, è impietosa: nel 2022, la richiesta di visite ed esami non solo ritorna ai livelli del 2019, ma è addirittura in crescita esponenziale. Lo dimostrano i dati della Toscana, in quel momento l'unica Regione a tenere monitorate anche le prescrizioni: rispetto al 2019, nel 2022 il numero di ricette per le visite è in aumento del 25 percento, per le visite di controllo del 28, per la diagnostica per immagini del 31 e per quella strumentale del 17 percento. Numeri che sono saliti nel 2023.

A fronte della crescita delle impegnative, allora, la domanda su quante prestazioni sanitarie siano state erogate nel 2022 rispetto al 2019 sorge spontanea. È un quesito a cui cerca di rispondere Agenas, che a tale scopo ha realizzato un'analisi su tutto il 2022: le prime visite sono ancora in negativo di 3,1 milioni (meno 14 percento), le visite di controllo di 5,3 milioni (meno 16 percento), le mammografie di 127.000 (meno 7 percento), le ecografie all'addome di 334.000 (meno 9 percento), gli elettrocardiogrammi di un milione (meno 20 percento). A livello regionale, il rapporto relativo alle attività del 2019 è il seguente: il Piemonte è ancora a meno 17 percento, la Provincia autonoma di Bolzano a meno 46, il Friuli Venezia-Giulia a meno 25, il Veneto a meno 13, la Lombardia a meno 11, l'Emilia-Romagna a meno 12, la Liguria a meno 16, il Lazio a meno 10,9, le Marche e la Sicilia a meno 19 e la Calabria a meno 22. Solo la Toscana strappa un più 1 percento. E pensare che con la legge di Bilancio del 2021 sono stati messi a disposizione 500 milioni di euro per pagare più prestazioni e più medici pronti a effettuarle. Eppure, il problema persiste e le ragioni principali sono due.

La prima interessa le strutture pubbliche che, in grande affanno già da prima della pandemia per la carenza cronica di dottori, devono fare i conti con perenni difficoltà organizzative. La seconda riguarda invece le strutture private accreditate: più che effettuare le prestazioni che servono al Servizio sanitario nazionale, infatti, da un lato hanno convenienza a offrire quelle maggiormente remunerative in termini di rimborsi pubblici, dall'altro si danno da fare per incrementare le attività a pagamento. Per fare un esempio: nel 2019, a Milano il 27 percento dell'attività complessiva e il 41 percento delle prime visite erano svolti in regime di solvenza, cioè pagando. Nel 2022, queste quote sono salite rispettivamente al 36 e 58 percento. Su larga scala, il fenomeno è lo stesso: diminuisce l'attività in convenzione meno conveniente e aumenta quella dove il margine di guadagno è maggiore, oppure quella per la quale il paziente paga di tasca propria.

Se la richiesta di prestazioni sanitarie è in crescita, ma il volume di attività non aumenta di pari passo nelle strutture pubbliche e private accreditate, l'ovvia conseguenza è, ancora una volta, l'allungamento disastroso delle liste d'attesa. Il vero paradosso, però, sta nel fatto che dal monitoraggio delle Regioni il problema non emerge. Ma allora, quanto tempo passa davvero tra la prescrizione del medico e l'erogazione delle visite specialistiche o degli esami diagnostici al cittadino? In quale percentuale i tempi indicati dalla legge sono rispettati? A dicembre 2023, Agenas realizza un nuovo progetto-pilota, in collaborazione con Fondazione The Bridge: alle Regioni è chiesto di fornire i dati relativi ai tempi di attesa di quattordici visite e cinquantacinque prestazioni di diagnostica – quelle che la legge prevede debbano essere monitorate – su una settimana campione, quella dal 22 al 26 maggio 2023. Lo scopo è applicare un criterio di raccolta dati capace di superare le criticità denunciate per portare alla luce la verità sullo stato delle liste d'attesa. I risultati dell'analisi mostreranno, in modo inconfutabile e per la prima volta, i trucchi adottati dalle amministrazioni regionali per mascherare la realtà.

La sperimentazione, proposta su base volontaria, vede la partecipazione di sei Regioni (Veneto, Lazio, Abruzzo, Campania, Umbria e Sardegna), che forniscono i dati di alcune strutture sanitarie, per un totale di 23.656 visite e 24.478 esami, mentre altre sei (Piemonte, Trentino, Emilia-Romagna, Friuli-Venezia Giulia, Toscana e Marche) partecipano con i dati di tutte le aziende sanitarie, per un totale di 101.265 visite e 122.208 esami. Le restanti non rispondono o lo fanno in modo incompleto.

Per farsi un'idea dei risultati, proviamo a prendere in considerazione tre esami diagnostici e due visite da garantire entro dieci giorni, andando a vedere qual è il primo appuntamento disponibile nelle varie Regioni. Ebbene, il 78 percento delle Tac, il 67,5 percento delle risonanze magnetiche e il 78 percento delle ecografie all'addome risultano erogate nei tempi di legge. Piemonte e Sardegna riescono a garantire addirittura il 100 percento delle Tac e delle risonanze magnetiche, Campania e Lazio il 100 percento delle risonanze magnetiche, il Piemonte il 99,6 percento delle ecografie all'addome, Abruzzo e Campania il 100 percento delle visite cardiologiche, l'Abruzzo il 100 percento delle visite ortopediche. Sembra di sognare! Ma purtroppo, anche con dati raccolti ed elaborati in modo corretto, i risultati appaiono in gran parte ingannevoli. Com'è possibile?

Per cominciare, i tempi di attesa monitorati dalle Regioni prendono in considerazione il numero di giorni che trascorrono dalla chiamata del paziente al call center del Cup alla data dell'appuntamento. Se però la risposta dell'operatore è che in quel momento non c'è posto, l'invito è a «richiamare più avanti». In questo caso, estremamente frequente, la data che farà fede per il calcolo dei tempi di attesa è quella della seconda chiamata, durante la quale sarà effettivamente fissato l'appuntamento, mentre della prima richiesta del paziente non resta traccia, anche se la sua attesa è iniziata allora. Ecco spiegato perché i tempi di prenotazione risultano così brevi.

La prova che tale meccanismo è assai diffuso emerge, di nuovo, dai dati raccolti da Agenas, che misurano quanto tempo trascorre da quando il paziente riceve l'impegnativa dal medico a quando lo stesso telefona al Cup per prendere l'appuntamento. Nei casi in cui la prestazione è urgente, dunque da ricevere entro e non oltre le settantadue ore successive, solo il 18 percento dei pazienti, a quanto pare, cerca di fissare l'appuntamento il giorno stesso o il giorno seguente, mentre lo fa il 41 percento nei casi di prestazioni da erogare in dieci giorni, e il 51 percento per gli esami o le visite da eseguire entro sessanta giorni. Balza all'occhio un comportamento paradossale: prima si deve fare un esame o una visita, più tardi si telefona per prenotare. Non ha senso! È più ragionevole supporre che su cento pazienti che telefonano solo a diciotto sia dato l'appuntamento al primo tentativo, e che esclusivamente in questo caso rimanga traccia della conversazione. A tutti gli altri è verosimile che sia risposto di richiamare perché non c'è posto. Degli altri ottantadue pazienti si può infine pensare che una parte non farà la visita nei tempi previsti, mentre l'altra si rivolgerà alla sanità a pagamento.

C'è poi la questione legata al fatto che i dati comunicati dalle Regioni si riferiscono esclusivamente alle telefonate ricevute dal call center del Cup, il quale intercetta solo una quota delle richieste (non quelle, per esempio, fatte presso gli sportelli fisici). Questo emerge chiaramente andando a verificare il numero di prenotazioni effettuate per mille abitanti: è realistico che, nella settimana tra il 22 e il 26 maggio (quella presa in esame), nell'Asl di Roma 1 e Rieti solo trenta pazienti abbiano avuto bisogno di prenotare una Tac entro dieci giorni, oppure che nell'Asl di

Oristano solo in due abbiano avuto bisogno di una risonanza magnetica, sempre entro il medesimo lasso di tempo? Lo stesso vale per le visite: è verosimile che in tutto il Piemonte solo in 376 abbiano avuto bisogno di una visita cardiologica? In Emilia-Romagna, Regione che può essere considerata di riferimento dal momento che ha fornito ad Agenas tutti i dati richiesti, le prenotazioni sono addirittura una ogni mille abitanti! La Regione Piemonte ha oltre quattro milioni di abitanti, ci si aspetterebbe un numero di richieste intorno alle quattromila. È ragionevole dedurre che, laddove si registrino numeri inferiori, i dati non intercettano le reali richieste dei cittadini.

Infine, ci sono anche pazienti che scelgono una data per l'appuntamento diversa da quella proposta dal Cup, e in un caso su due aspettano più a lungo. Quasi l'80 percento lo fa per andare in una struttura o in un reparto differente da quello proposto, dove pensa di essere curato meglio. Solo in questo caso, si tratta di ritardi subordinati a una libera scelta del paziente. Tutte le altre circostanze rappresentano un grave disservizio, che pesa in modo insopportabile sui soggetti più vulnerabili.

Code per tutti, ma non se paghi

Nel IX Rapporto dell'istituto di ricerca Censis, datato gennaio 2021, si legge: «Il ricorso alla sanità a pagamento non è l'esito di una corsa al consumismo sanitario inappropriato, ma di prestazioni prescritte da medici che i cittadini non riescono ad avere in tempi adeguati nel Servizio sanitario». La spesa che gli italiani sostengono di tasca propria, secondo gli ultimi dati dell'Osservatorio sui consumi privati in sanità del Cergas-Bocconi, che si fermano al 2022, è di 5,4 miliardi l'anno solo per le visite ambulatoriali e di 3,2 miliardi per gli esami diagnostici. Cifre che da sole danno la misura dell'enormità del problema delle liste di attesa e del tracollo della sanità pubblica, che però non può e non deve essere irreversibile. Immaginiamo il binario di una stazione con una lunga fila di persone in attesa di salire sul treno, a cui si uniscono continuamente nuovi passeggeri speranzosi di riuscire a partire. Se al treno del Servizio sanitario non vengono aggiunte altre carrozze, ci saranno sempre più passeggeri che dovranno rimandare un viaggio che in molti casi potrebbe salvare loro la vita. Oppure, in alternativa, dovranno pagarsi un trasporto privato.

Da anni in Italia la certezza di effettuare un esame o una visita medica in tempi rapidi ce l'ha solo chi può permettersi di pagare. La stima degli esperti è che ormai il 50 percento delle visite specialistiche ambulatoriali è pagato privatamente, così come il 33 percento degli accertamenti diagnostici. Questi numeri sono in crescita costante. Sembra superfluo ricordarlo, ma chi paga ottiene esami e visite mediche in meno di dieci giorni, mentre gli altri, salvo rare eccezioni, aspettano. A meno che non siano disposti a recarsi nelle strutture meno gettonate, di solito fuori dal comune di residenza e dove il servizio di assistenza e cura non viene percepito come un granché.

I canali per ottenere le prestazioni a pagamento sono tre, ognuno dei quali finisce per svuotare il portafoglio dei pazienti. C'è quello tecnicamente definito «intramoenia», che permette di ottenere visite ed esami all'interno degli ospedali pubblici. Qui, lo ricordiamo, 44.791 dei 110.000 medici assunti a tempo indeterminato hanno scelto di esercitare la libera professione una volta finito il loro turno settimanale di trentotto ore. Il principio è sancito dalla già ricordata riforma voluta dalla ministra della Sanità Rosy Bindi nel 1999, approvata con l'obiettivo di evitare che i pazienti si rivolgano solo agli ospedali o ambulatori privati per le prestazioni a pagamento, mantenendo al contempo un maggiore controllo sull'attività privata dei medici. Nelle pieghe della regolamentazione dell'attività, si nasconde un «non detto»: alzare la busta paga dei medici senza pesare sul bilancio pubblico. Secondo la *Relazione annuale sullo stato di attuazione dell'esercizio dell'attività libero-professionale intramuraria per l'anno 2022* che il ministero della Salute ha trasmesso al Parlamento il 9 agosto 2024, a venticinque anni dall'approvazione del decreto Bindi, il valore delle prestazioni in intramoenia nelle aziende sanitarie pubbliche s'aggira intorno a 1,2 miliardi di euro annui. Il sistema attivato nel passaggio tra i due secoli è ancora lo stesso: per consentire la libera professione dentro l'ospedale, il Servizio sanitario mette a disposizione gli sportelli per le prenotazioni, gli ambulatori, i macchinari e la loro manutenzione, e si tiene il 20 percento della parcella. Il resto va allo specialista, che percepisce anche l'indennità di esclusiva di 11.200 euro in media l'anno. Con l'attività privata, si può arrivare anche a raddoppiare il proprio stipendio. È il motivo per cui l'eliminazione della libera professione è un vero e proprio tabù per la classe medica. Del resto, ricordiamo che il Servizio sanitario nazionale paga i medici ospedalieri decisamente meno che nel resto d'Europa.

È quindi difficile immaginare che, di fronte alla richiesta fatta alle Regioni nel 1999, e riproposta di decreto in decreto, di allungare gli orari negli ospedali pubblici per smaltire le liste d'attesa limitando la libera professione, i medici accettino senza un'adeguata integrazione di stipendio. Occorre, pertanto, fare il passo successivo: pagare meglio i medici e sostituire chi va in pensione, in modo che ambulatori e diagnostica possano lavorare a pieno regime per il Servizio sanitario nazionale. Ma per raggiungere questo obiettivo, è necessario trovare le risorse economiche. Un modo potrebbe essere quello di ribaltare la percentuale d'incasso sulle prestazioni in libera professione interne agli ospedali: al medico il 20 percento e l'80 alla struttura. E poi riparametrare il ticket in base al reddito dei cittadini.

In un decreto legislativo dell'aprile 1998, si legge: «Qualora l'attesa della prestazione richiesta si prolunghi oltre il termine (...), l'assistito può chiedere che la prestazione venga resa nell'ambito dell'attività libero-professionale intramuraria, ponendo a carico del Sistema sanitario la differenza tra la somma versata a titolo di partecipazione al costo della prestazione e l'effettivo costo di quest'ultima, sulla scorta delle tariffe vigenti». In altre parole, è possibile ricorrere alla libera professione dentro l'ospedale pubblico pagando solo il ticket nei casi in cui il Servizio sanitario nazionale non sia in grado di rispettare i tempi di legge. Questa norma, però, non è mai stata applicata e risulta perfino sconosciuta alla pressoché totalità dei cittadini.

I prezzi: tariffario alla mano

Ma cosa comporta tutto ciò per il portafoglio dei pazienti? Probabilmente ciascuno di noi ricorda quanto ha pagato una visita specialistica necessaria, ma impossibile da ottenere con il Servizio sanitario nazionale. Il quadro complessivo è il seguente. Consultando il tariffario-tipo utilizzato per le prestazioni in libera professione da un grosso ospedale pubblico di Milano, è possibile farsi un'idea generale. Un'elettromiografia per studiare la funzionalità dei muscoli e dei nervi costa da 120 a 200 euro, un ecocolordoppler cardiaco da 90 a 200, una Tac da 70 a 700, un test cardiovascolare da sforzo da 150 a 200. Una mammografia è prezzata da 90 a 200 euro, un ecocolordoppler dei tronchi sovraortici da 100 a 200 e una risonanza magnetica da 200 a 700. Ancora, un'ecografia del capo e del collo da 80 a 150 euro, un'ecografia dell'addome completo da 100 a 250, una colonscopia da 350 a 1200. Infine, ci sono le visite specialistiche: una visita otorinolaringoiatrica vale da 100 a 200 euro, una oncologica da 150 a 350, una oculistica da 110 a 200, una urologica da 100 a 200, una ortopedica da 120 a 250 e una endocrinologica da 130 a 200. Queste differenze dipendono dalla reputazione dello specialista. Il tariffario di un primario è sempre molto più alto.

Il secondo canale per effettuare prestazioni a pagamento è quello degli ospedali privati accreditati. Questi ultimi operano su due fronti: in parte incassano con l'attività per conto del Servizio sanitario nazionale (soprattutto quando conviene), in parte con l'attività a pagamento. Tra gli obiettivi del 2023, Regione Lombardia ha inserito un aumento di produzione a carico del Servizio sanitario regionale del 10 percento rispetto al 2019 per visite, ecografie, risonanze magnetiche, Tac ed endoscopie, ossia le prestazioni con i tempi di attesa in assoluto più lunghi. Come hanno risposto i privati accreditati? Basta guardare i numeri: solo a Milano, le prestazioni eseguite per conto del Servizio sanitario nel 2023 sono 700.000 in meno rispetto al 2019, mentre salgono a 400.000 in più quelle a pagamento. E anche se l'Agenzia di tutela della salute (Ats) trattiene sui rimborsi oltre dieci milioni di euro come penalità per il mancato raggiungimento degli obiettivi, evidentemente alle strutture accreditate conviene comunque potenziare l'attività in solvenza.

Il terzo canale è infine rappresentato dalle strutture totalmente private, cioè quelle che non hanno nessuna convenzione con il Servizio sanitario nazionale. Ce ne sono di tutti i tipi e con tariffe anche molto differenti tra loro a parità di servizi. Il dato più rilevante è che da qualche anno sbucano come funghi poliambulatori che offrono prestazioni sanitarie a tariffe considerate low cost, ossia a prezzi, almeno inizialmente, concorrenziali. È la nuova frontiera della salute e della cura, destinata a svilupparsi in futuro e a diventare un vero asset in ambito sanitario. Il primo ad avere inaugurato questo modello di business è il Centro medico Santagostino, con sedi a Milano e provincia, Bologna, Imola, Bergamo e Roma. A fine 2022, Santagostino viene acquisito da UnipolSai. La compagnia assicurativa rileva la totalità del capitale sociale dalla società italiana di venture capital sociale Oltre Venture. UniSalute è la società del gruppo Unipol che si autodefinisce «la prima assicurazione sanitaria in Italia per numero di clienti gestiti». Sul proprio sito web, chiarisce: «L'acquisizione di Santagostino si colloca nell'ambito della direttrice strategica del Piano Industriale 2022-2024 del Gruppo Unipol ("Opening New Ways"). L'operazione costituisce un importante tassello dell'ecosistema welfare del gruppo assicurativo e consentirà a Santagostino di essere presente capillarmente su tutto il territorio nazionale, sia con centri fisici, sia con strumenti di telemedicina, di sfruttare a pieno le sinergie possibili con il gruppo e di completare l'offerta clinica, offrendo ai pazienti qualsiasi servizio che non richieda un ricovero ospedaliero (compresa la diagnostica per immagini accessibile in costi e tempi ridotti) puntando a diventare il primo erogatore di servizi non-ospedalieri in tutta Italia, ad alta qualità».

I centri medici del gruppo sono oggi quarantatré, i medici e i professionisti sanitari che ci lavorano 1340, e le prestazioni sanitarie offerte nel 2023 superano le 800.000, per oltre 57 milioni di fatturato. Al momento, una Tac al torace costa 285 euro, una mammografia con ecografia e visita senologica 150, un'ecografia dell'addome completo parte da 75. Una risonanza magnetica al ginocchio 110 euro.

Prendiamo quest'ultimo esempio: nel 2018 il prezzo di una risonanza magnetica al ginocchio sempre al Santagostino è di 90 euro, nel 2021 sale a 97 per arrivare ai 110 euro odierni. Vuol dire un aumento del 20 percento. Parallelamente, secondo un'elaborazione di Openpolis risalente all'aprile 2024, condotta su dati Ocse, il salario reale medio annuo in Italia tra il 2019 e il 2022 diminuisce del 3,4 percento. Dove porta il consolidamento di questo meccanismo? I cittadini in fuga dalle liste d'attesa si ritrovano ostaggio dei tariffari, che attraggono offrendo prestazioni a prezzi bassi, per poi aumentare a discrezione dei privati. Come se non bastasse, sta iniziando a svilupparsi il cosiddetto fenomeno del *dynamic pricing*: le tariffe aumentano al crescere della domanda per una determinata prestazione o per il tal medico. È lo stesso meccanismo dei biglietti aerei: i prezzi oscillano a seconda della richiesta. Sta iniziando a succedere anche in sanità, e addirittura lo stesso professionista può variare le tariffe nel corso della stessa giornata: la mattina visita a Monza a 120 euro, il pomeriggio a Milano a 137. E le assicurazioni proprietarie dei poliambulatori ci guadagnano due volte: con il premio per la polizza assicurativa dei pazienti, e con la franchigia sul costo delle prestazioni, che resta a carico dell'assicurato.

L'incubo delle prenotazioni

Il 16 maggio 2016 la giunta di Regione Lombardia, allora guidata da Roberto Maroni, lo mette nero su bianco. Con ogni probabilità è la prima volta che avviene in Italia: «Entro il 2016 dovranno essere effettuati i passaggi tecnici finalizzati ad avere dal 2017 tutte le attività ambulatoriali prenotabili tramite il call center regionale. L'obiettivo è quello che dal 1° gennaio 2017 i cittadini, chiamando il call center, possano vedere tutte le agende delle strutture pubbliche e private accreditate e possano, di conseguenza, prenotare senza distinzioni di natura pubblica o privata accreditata della struttura. Questa è da considerarsi una priorità al fine di rendere ancora più agevole l'accesso dei cittadini al sistema delle attività ambulatoriali, con il risultato di ridurre i tempi di attesa (...). Tale priorità dovrà essere inserita come impegno contrattuale fin dalla firma dei contratti 2016, e divenire vincolante a partire dal 2017».

Se il nuovo sistema di prenotazione funzionasse, il cittadino potrebbe comporre un unico numero di telefono, avere un ventaglio di disponibilità più ampio, sapere in tempo reale qual è la data disponibile più vicina e dove andare per sottoporsi alla visita medica o all'esame diagnostico. Invece, per conoscere la reale disponibilità degli ospedali privati convenzionati, quasi sempre l'unica soluzione resta quella di telefonare alla singola struttura o presentarsi fisicamente allo sportello di prenotazione. La delibera del maggio 2016 resta infatti inapplicata: ai privati accreditati non piace l'idea di consegnare le proprie agende al sistema pubblico, perché così facendo perderebbero il controllo sulle prenotazioni, ossia la possibilità di scegliere quelle più remunerative, e ignorare le altre, anche se necessarie per smaltire le liste di attesa.

Passano tre anni e, per dare nuova forza al provvedimento, nel giugno 2019 la Giunta regionale decide di varare una legge che prevede quanto segue: «Al fine di garantire una gestione razionale e trasparente degli accessi alle prestazioni sanitarie, la Regione promuove l'uso diffuso del sistema di prenotazione regionale. Le strutture sanitarie pubbliche e private che erogano prestazioni per conto del Servizio sanitario nazionale devono utilizzare quale unico sistema di prenotazione delle prestazioni il sistema di prenotazione regionale, pena la mancata remunerazione di ogni prestazione prenotata al di fuori di tale sistema». E di nuovo è un buco nell'acqua. I privati rifiutano di pagare di tasca propria le modifiche necessarie ai loro sistemi informatici per farli comunicare con i software che contengono le agende della rete di prenotazione pubblica. Così, Regione Lombardia decide perfino di metterci i soldi: il 5 agosto 2020 delibera uno stanziamento di 6,7 milioni per sostenere le spese informatiche dei privati necessarie per collegare i due sistemi. E ribadisce per l'ennesima volta: «È indispensabile che ogni struttura sanitaria, sia pubblica sia privata, renda prenotabile l'intera offerta sanitaria Ssn mediante il servizio di prenotazione diretta del Cup unico». Il termine è fissato al 31 dicembre 2020.

A gennaio 2021, tuttavia, la scadenza è prorogata: «Verificata l'impossibilità del completamento delle attività necessarie in corso di svolgimento (...) si ritiene necessario individuare una nuova scadenza (...), garantendo comunque il completamento dell'integrazione entro e non oltre il 31 luglio 2021». Su richiesta di Confindustria, il termine per il funzionamento del Cup unificato è poi nuovamente fatto slittare al 30 novembre 2021. Regione Lombardia precisa che la nuova data riguarda solo il completamento delle attività di integrazione informatica e non l'entrata in vigore del sistema sanzionatorio per chi non utilizza l'agenda unica, che resta invece invariato. Ma poi anche l'arrivo delle sanzioni è rimandato a un successivo provvedimento, perché occorre stabilire esattamente quali prestazioni dovranno essere prenotate tramite il nuovo sistema regionale, pena il mancato rimborso, e quali invece potranno rimanere al di fuori del sistema senza alcuna penalizzazione. Il provvedimento previsto arriva cinque mesi dopo la scadenza fissata per le attività di integrazione e non prevede alcuna data limite per le strutture private accreditate per avviare l'utilizzo di questo strumento centralizzato. Meglio rinviare ancora tutto, stavolta al 30 giugno 2022. E ancora senza sanzioni.

Il 2 novembre 2022 si dimette l'assessora al Welfare di Regione Lombardia Letizia Moratti, sostituita da Guido Bertolaso, poi riconfermato dal presidente Attilio Fontana dopo le elezioni regionali del febbraio 2023. A questa data il Cup unico previsto dal 2016 non è ancora funzionante. Il 19 maggio 2023, l'assessore Bertolaso dichiara alla stampa: «Il problema delle liste di attesa non è economico, ma organizzativo. Entro la fine del 2023 i cittadini lombardi avranno un sistema di prenotazione unico, dove potranno prendere appuntamenti scegliendo l'ora, il giorno e il luogo in cui fare la visita». Il 26 giugno è quindi approvata una gara d'appalto da ventitré milioni di euro per la progettazione di un nuovo Centro unificato di prenotazione. Il contratto è stipulato il 6 marzo 2024. Non è ancora dato sapere se e quando il sistema partirà a pieno regime.

Il «programma straordinario» del governo Meloni

Il 7 giugno 2024, proprio il giorno prima delle elezioni europee, il governo Meloni pubblica in Gazzetta ufficiale il decreto legge intitolato *Misure urgenti per la riduzione dei tempi delle liste di attesa delle prestazioni sanitarie*. Il documento prende atto che c'è «una straordinaria necessità e urgenza di definire misure volte a garantire la tempestiva attuazione di un programma straordinario per la riduzione delle liste di attesa per le prestazioni sanitarie, al fine di superare le criticità». La prima misura prevista da questo «programma straordinario» è una Piattaforma nazionale di monitoraggio delle liste di attesa, che sarà realizzata e gestita da Agenas. L'obiettivo è centralizzare il controllo sul rispetto delle «classi di priorità» delle prestazioni sanitarie. Per farlo, la Piattaforma dovrà scambiare informazioni con i database di ciascuna Regione, che dovranno risolvere finalmente tutte le criticità che oggi non permettono di fotografare la situazione in modo attendibile e veritiero.

Secondo il nuovo decreto, inoltre, al momento di fissare un appuntamento via telefono, il Cup regionale deve comunicare ai cittadini i tempi di attesa sia degli ospedali pubblici, sia dei privati accreditati. A tal proposito, è emblematico il caso di Regione Lombardia, che, come si è visto, tenta di farlo dal 2016: dopo otto anni ancora non tutti i privati sono collegati al sistema e, soprattutto, anche le disponibilità di quelli che condividono le agende sono parziali, dal momento che i privati vogliono mantenere la libertà di scegliere quali appuntamenti dare e a chi darli. Viene inoltre vietata la sospensione o la chiusura delle attività di prenotazione, con la relativa richiesta rivolta al cittadino di richiamare in un altro momento. Un divieto già previsto dalla legge 266 del 2005, e da vent'anni del tutto ignorato dalle Regioni.

Se i tempi delle classi di priorità indicate sulle ricette non possono essere rispettati, il decreto indica due strade da percorrere. La prima, in capo ai direttori generali, è quella di rivolgersi direttamente ai medici, che dovranno garantire la prestazione attraverso la loro attività libero-professionale e prestazioni aggiuntive sulla base delle tariffe del Servizio sanitario nazionale (che sono più basse: per una prima visita di chirurgia generale, per esempio, 22 euro contro un minimo di 60 e un massimo di 350 euro). Significherebbe, insomma, applicare il già citato decreto legge dell'aprile 1998, che prevede l'utilizzo della libera professione senza costi aggiuntivi per il cittadino. Lo stesso contratto nazionale che dal 2000 regola l'attività dei medici prevede che questi ultimi possano essere chiamati dai vertici dell'ospedale a svolgere attività libero-professionale per ridurre le liste d'attesa, e il Piano nazionale di governo delle liste di attesa fin dal biennio 2010-2012 ribadisce questa possibilità. Tutte norme mai applicate.

La seconda strada prevede che la Regione si appoggi ai privati accreditati, i quali sono ben più interessati al loro business che a smaltire le liste di attesa del pubblico.

Infine, un'altra misura inserita nel decreto – anche questa già presente nel Piano nazionale di governo delle liste di attesa 2019-2021 – prevede l'effettuazione di visite diagnostiche e specialistiche anche nei fine settimana e prolungando gli orari di lavoro.

Il nuovo «programma straordinario» del governo Meloni contiene, insomma, norme già vecchie. Nasce anche un «Organismo» atto a vigilare sulle liste di attesa, cosa che dal 2006 avrebbe dovuto fare un analogo ufficio, anche se aveva semplicemente un nome diverso (SiVeas): in pratica, è autorizzata una nuova direzione generale al ministero della Salute, insieme all'assunzione di qualche dirigente in più e di venti nuovi funzionari. La differenza rispetto al passato è che il personale dell'Organismo svolge anche vere e proprie funzioni di polizia amministrativa e giudiziaria. Il decreto Meloni punta molto, infatti, sull'inasprimento delle sanzioni in caso di inadempienza degli obblighi previsti per legge: per i direttori generali sono previsti la revoca o il mancato rinnovo dell'incarico, oppure un taglio nella parte variabile dello stipendio. Se definitivamente accertata, invece, l'inadempienza contrattuale da parte dei soggetti affidatari dello sviluppo del Cup di una Regione costituisce un illecito professionale. Per gli erogatori privati convenzionati, la messa a disposizione delle agende per le prenotazioni è una condizione imprescindibile per l'accreditamento con il Servizio sanitario nazionale. In caso di chiusura delle agende, dunque di indisponibilità, la sanzione amministrativa, già prevista da un minimo di 1000 a un massimo di 6000 euro, raddoppia. Anche l'assistito che non si presenta nel giorno previsto senza aver disdetto sarà tenuto al pagamento del ticket. Un'altra misura già prevista e mai attuata.

Il ministro della Salute Orazio Schillaci enfatizza poi la possibilità di assumere medici e infermieri aggiuntivi rispetto al normale turnover, utilizzando fino al 15 percento dell'incremento del Fondo sanitario nazionale. Il che, tradotto in numeri e immaginando che le assunzioni riguardino solo i medici (quando in realtà coinvolgono tutti gli operatori sanitari), significa cinquemila nuovi professionisti. Peraltro, anche questo articolo del decreto fa riferimento a una norma presente nella Finanziaria 2022. E dire che l'incremento dell'organico sarebbe fondamentale non solo per le attività legate alla riduzione dei tempi di attesa, ma anche per tutti gli altri ambiti, dal potenziamento dei ricoveri e dei Pronto soccorso, a quello dei servizi territoriali e della medicina di base.

Sempre grazie a quest'ultimo decreto legge, medici e infermieri beneficeranno, infine, di un'agevolazione fiscale del 15 percento sui compensi per le prestazioni aggiuntive. La misura costerà, in tre anni (2025-2027), 491,7 milioni di euro: il medico che oggi guadagna 100 euro lordi per un'ora aggiuntiva, ne prenderà 150. Ecco la sola vera novità.

In sintesi, oltre che aumentare i controlli e cercare di mettere un freno, almeno in teoria, alle prestazioni a pagamento per alleggerire le agende intasate del pubblico, uno degli obiettivi cardine del decreto è produrre più prestazioni. Nessun intervento è previsto invece per contenere il numero di ricette mediche che prescrivono visite e accertamenti, in aumento esponenziale, e che non sempre trovano un riscontro clinico. Solo le risonanze magnetiche sono aumentate del 38 percento in quattro anni. È evidente che senza un piano di verifica sull'appropriatezza delle prescrizioni non si riuscirà mai a stare al passo. E più aumenta la produzione, più si genera domanda, perché chi guadagna sulle prestazioni a pagamento ha interesse a mantenere tempi di attesa critici per alimentare il proprio mercato. Un meccanismo perverso emerge dalla relazione del 1° luglio di Regione Lombardia sull'«Avanzamento del Programma regionale di sviluppo sostenibile 2024»: «Nel corso del 2023 il volume di prestazioni di primo accesso oggetto del Piano nazionale governo delle liste di attesa è aumentato dell'11 percento. L'incremento dell'offerta ha portato a un maggiore tempo medio di attesa, passando da 51 giorni medi del 2022 a 58 giorni nel 2023». Ricordiamo che i cittadini, per sfuggire ai tempi biblici, spendono ogni anno di tasca loro, solo in visite ed esami, quasi 9 miliardi di euro. La strategia da perseguire, allora, non è solo quella di adeguare l'offerta alla domanda, ma di rimodulare quest'ultima attraverso la valutazione dell'appropriatezza. In altre parole: i medici di base dovrebbero smettere di prescrivere tutto quello che il paziente chiede, ma limitarsi a ciò di cui ha realmente bisogno. Per fare questo, però, devono conoscerlo il loro paziente, visitarlo... e si torna sempre là: ogni ingranaggio è legato al funzionamento di un altro.

Salute S.p.a.

Sono un chirurgo endocrino, lavoro in un grande ospedale accreditato. In pratica, faccio «tiroidi». In Italia si eseguono 40.000 tiroidectomie all'anno, in maggioranza totali, e solo il 5 percento viene effettuato nei centri specializzati. Eppure, molto spesso la lesione interessa solo un lobo e non ci sarebbe bisogno dell'asportazione totale. Si chiama overtreatment, *e provoca percentuali di complicanze molto importanti. La decisione sul tipo di intervento spetta sempre al chirurgo ed è insindacabile. Sappiamo tutti che, di fronte a liste d'attesa interminabili, i pazienti se possono permetterselo cercano di fare in fretta, pagando anche di tasca propria o utilizzando l'assicurazione. Negli ultimi anni sono aumentate tantissimo quelle per i dipendenti. Faccio un esempio, per spiegarmi meglio: una commessa di un supermercato è arrivata da me come paziente solvente per un problema alla tiroide. Dovrei farle una lobectomia (asportazione di un solo lobo), ma la sua assicurazione (Unisalute-Fondo Est) paga la struttura solo per l'intervento di tiroidectomia totale. Non si capisce quale sia la logica, visto che l'intervento parziale è sempre più consigliato nelle linee guida, anche perché il rischio di complicanze per nervo ricorrente e ipoparatiroidismo si riduce del 50 percento rispetto all'asportazione totale. Cioè, il rischio è di non parlare più. Inoltre, il rimborso è più basso: 3500 euro contro i 4400 per l'asportazione totale, di cui oltre il 50 percento lo incassa l'équipe medica. Evidentemente, l'assicurazione ritiene che gli interventi più invasivi siano meno frequenti e che coprendo solo questi ultimi l'esborso economico da parte sua sia minore.*

A questo punto io, chirurgo, ho due strade: quella di programmare l'intervento corretto con il Servizio sanitario nazionale, dove l'attesa è lunga e non incasserò nessuna percentuale (perché il mio specifico contratto non lo prevede); oppure posso non dire nulla alla paziente, proseguire con l'assicurazione asportando tutto e incassare la mia quota. Di solito i soldi vincono, e io di controlli sull'adeguatezza delle procedure ne ho visti pochi.

5

Il business del mal di schiena

Immaginiamo che il proprietario di un supermercato possa decidere che cosa mettere nel nostro carrello della spesa: chiaramente, ci infilerà i prodotti su cui ha il margine di guadagno più alto. E immaginiamo che anche la busta paga del commesso sia composta, per una certa parte, da una percentuale su quel che riesce a venderci. Anche in questo caso, è palese che gli conviene rifilarci il prodotto più profittevole.

Nell'ultimo decennio sembra che l'Italia sia stata travolta da un'ondata di mal di schiena curabile in un solo modo: viti e placche. Gli interventi di artrodesi vertebrale, un'operazione attraverso la quale le vertebre del tratto lombare sono «inchiodate» tra loro, superano i 30.000 l'anno. Nel 2023 arrivano addirittura a 38.694.

Di norma, un simile intervento dovrebbe rappresentare una soluzione estrema, utilizzata qualora si dimostrino inefficaci fisioterapia, infiltrazioni, radiofrequenza, ozonoterapia. Queste ultime sono terapie poco invasive ma per nulla convenienti, mentre l'artrodesi è rimborsata dal Servizio sanitario nazionale fino a 19.723 euro.

Per comprendere il meccanismo, bisogna sapere che a ogni tipo di ricovero e intervento chirurgico effettuato da un paziente con il Servizio sanitario nazionale – indipendentemente che sia svolto in un ospedale pubblico o in una struttura privata convenzionata – è associata una tariffa di rimborso. Vuol dire che le cure sono pagate con soldi pubblici. In gergo si chiama Drg, che sta per *Diagnosis Related Group* (Raggruppamento omogeneo di diagnosi). Questo modello è stato importato nel 1995 dagli Stati Uniti, un Paese che, come noto, non conosce il significato del concetto di sanità pubblica. Più o meno lo stesso meccanismo vale per le visite e gli esami diagnostici.

Gli ospedali privati accreditati sono rimborsati ogni anno all'interno di un «tetto di spesa»: il Servizio sanitario nazionale stabilisce che la struttura A riceverà rimborsi fino a un massimo di X milioni di euro, la struttura B fino a un massimo di Y, e così via. Non bisogna sforare il budget previsto, perché altrimenti non si viene rimborsati.

Tornando all'esempio del supermercato, è come se lo scontrino del cliente che deve fare la spesa potesse arrivare fino a un massimo di 1000 euro, ma poi fosse il direttore vendite a decidere con quali prodotti comporre il carrello. Per i privati accreditati, l'intervento di artrodesi è tra quelli maggiormente redditizi. E dal momento che i medici che lavorano in queste strutture incassano nella stragrande maggioranza una percentuale sul valore della tariffa di rimborso, è evidente che più interventi fanno e più questi sono costosi, più guadagnano. Nella struttura pubblica, il chirurgo è stipendiato e pertanto non ha nessun interesse a consigliare interventi non strettamente necessari. Il problema è che la lista d'attesa per una visita o un trattamento è lunghissima e, siccome con il mal di schiena si vive male, il paziente si rivolge alla struttura privata dove gli si prospettano interventi risolutivi; anche se, come vedremo, non è affatto detto che lo siano.

I dati Agenas del 2023 mostrano che, a livello nazionale, su quasi otto milioni di ricoveri, il 72 percento è svolto dal pubblico e il restante 28 percento lo effettua il sistema privato accreditato. Nel caso dell'artrodesi, la percentuale si ribalta: oggi siamo al 65 percento a favore dei secondi. Se poi guardiamo alle singole Regioni, vediamo che nel Lazio, su 4428 artrodesi, 3479 sono effettuate negli ospedali privati accreditati (79 percento); in Emilia-Romagna 5633 su 7573 (74 percento); in Veneto 2837 su 4034 (70 percento); in Lombardia 2931 su 5010 (59 percento). Saranno tutti interventi davvero necessari?

Uno studio pubblicato già nel 2012 da «The Open Orthopaedics Journal», intitolato *Spinal Fusion in the Treatment of Chronic Low Back Pain*, parla chiaro: «L'intervento va considerato l'ultimo step per chi soffre di problemi alla colonna vertebrale, ovvero nei casi eccezionali in cui la stabilità articolare è compromessa, come per traumi e fratture importanti».

A porsi per prima il problema dell'appropriatezza degli interventi eseguiti di artrodesi è, nel 2015, la Regione Emilia-Romagna, che incarica una commissione tecnica di studiare il fenomeno a partire dal 2009, cioè l'anno in cui è stato introdotto il rimborso fino a 19.723 euro. Dall'analisi delle schede di dimissione ospedaliera, emerge che gli interventi di artrodesi vertebrali sono passati da 2147 nel 2009 a 4030 nel 2015 (più 88 percento), con un relativo aumento degli incassi (da circa 26 milioni nel 2009 a quasi 50 milioni nel 2015). L'impennata si è avuta proprio nel privato accreditato: più 378 percento in sei anni. Oltre a mettere in evidenza questi dati, il report rileva diversi errori di codificazione (per esempio, interventi più semplici classificati, e incassati, come artrodesi), ma soprattutto un 20 percento di operazioni non necessarie. Se si considera, poi, che agli ospedali era stato chiesto con anticipo di preparare un certo numero di cartelle su cui fare gli approfondimenti e le verifiche, la domanda è: quale sarebbe stata la percentuale se fossero invece state acquisite a sorpresa? Al termine del lavoro di indagine, la commissione definisce delle linee guida specifiche per far fronte alle criticità. Ma poiché nella politica sanitaria regionale cambia il direttore generale, tutto si perde nel nulla.

In tutta Italia, il numero di interventi di artrodesi rimane costante negli ospedali pubblici, mentre il privato vede un aumento annuo continuo. Federico De Iure, alla guida della Chirurgia vertebrale dell'Ospedale Maggiore di Bologna, spiega: «L'impennata di questi interventi nelle strutture private convenzionate è un dato di fatto. Eppure, la maggior parte dei pazienti che visito non necessita dell'intervento. E gli spiego che è meglio tentare altre strade meno invasive, a partire dalle infiltrazioni di acido ialuronico, perché con l'operazione il dolore non sparisce del tutto, può diminuire in quel tratto lombare, ma potrebbe anche ripresentarsi in altre parti del rachide. Il problema è che non tutti cercano di dissuadere i pazienti dall'operarsi; non bisogna dimenticare che di norma il chirurgo che lavora in queste strutture può prendere una percentuale sull'intervento che va dall'8 al 14 percento». Dello stesso parere è Stefano Boriani, considerato un luminare della colonna: «Su dieci pazienti che visito perché soffrono di mal di schiena, nove non sono da operare». Cosa succede, quindi, se si effettua un intervento alla schiena di un paziente, magari giovane, che non ne ha davvero bisogno? «Non si torna più indietro. Se avrà ancora dolore, non si potrà far altro che rioperare.»

Emergono casi eclatanti anche dai report di Regione Lombardia: per esempio, solo la Gavazzeni di Bergamo, struttura accreditata del gruppo Humanitas, passa da due a 398 interventi tra il 2012 e il 2017. Fino al 2019 la Lombardia era la regione dove le schiene si «inchiodavano» di più: quasi 7000 interventi l'anno. I pazienti arrivavano anche da altre regioni, e su cento interventi settantuno erano eseguiti nelle strutture convenzionate. Quello stesso anno, la Direzione generale dell'assessorato alla Sanità decide di tagliare i rimborsi. Per la prima volta in Italia, di fatto, la Lombardia riconosce il principio che la convenienza delle tariffe può spingere a eseguire artrodesi anche quando non strettamente necessario. Di qui il provvedimento regionale: «Dal 1° agosto 2019, per le patologie della colonna come discopatie, sindromi dolorose lombari, processi degenerativi artrosici e per tutti gli altri casi in cui il paziente può beneficiare di altri tipi di trattamenti meno invasivi (terapia farmacologica, fisioterapia, ozonoterapia, eccetera) le tariffe di rimborso sono equiparate a quelle delle procedure meno invasive: da un minimo di 3200 euro a un massimo di 7600 (e non più tra i 4700 e i 19.723). Restano ovviamente immutati i rimborsi per l'artrodesi in caso di tumori o gravi patologie per cui si ritiene appropriato l'intervento». Il risultato atteso è quello di ridurre i costi per il Servizio sanitario nazionale, il rischio di sottoporre i pazienti a interventi non necessari e gli errori, più o meno volontari, di codificazione. Infatti, nel 2018, nella sola Milano, su 1301 cartelle cliniche controllate il 34 percento dei rimborsi chiesti per artrodesi non ha trovato conferma nelle schede di dimissioni ospedaliere, ragion per cui l'Azienda sanitaria ha bloccato rimborsi per oltre due milioni e mezzo.

Il taglio delle tariffe è da subito mal digerito dalla sede lombarda della Società italiana di chirurgia vertebrale guidata da Roberto Bassani, chirurgo dell'istituto ortopedico Galeazzi di Milano, punta di diamante per l'ortopedia del Gruppo San Donato, di proprietà della famiglia Rotelli: «L'abbattimento dei rimborsi sottovaluta alcuni costi che diventano insostenibili per le strutture ospedaliere, anche per quelle altamente specializzate. Proponiamo una revisione dei criteri generali di selezione». Dal loro punto di vista, «non ci stanno più dentro».

Dal punto di vista dei vertici della Regione, invece, l'obiettivo è raggiunto: tra il 2019 e il 2023 le operazioni che mettono viti e placche alla schiena calano del 40 percento, mentre nel resto d'Italia crescono del 20 percento. Se vogliamo, è una sperimentazione di «autonomia differenziata». E del suo limite.

Se in una Regione si tagliano le tariffe e nelle altre non si toccano, il business semplicemente si sposta. E così i pazienti vengono operati in altre regioni, in particolare in Emilia-Romagna, dove tra il 2019 e il 2023 sono Bologna e dintorni a segnare il record italiano con 7573 artrodesi. L'Ospedale Galeazzi, nel 2018, faceva 1094 artrodesi, mentre nel 2023 gli interventi precipitano a 346. In compenso, nello stesso periodo al Villa Erbosa di Bologna, ospedale privato accreditato sempre specializzato in Chirurgia ortopedica e sempre di proprietà della famiglia Rotelli, le artrodesi passano da 584 a 913. Villa Maria Cecilia di Lugo, del Gruppo Sansavini, passa dai 627 interventi del 2019 ai 1201 del 2023.

Ma anche nelle altre regioni confinanti con la Lombardia non si scherza: le artrodesi crescono dell'82 per cento nelle strutture convenzionate del Veneto e del 27 per cento in Piemonte.

Poi, per sensibilità verso le richieste del dottor Bassani, la schiena dell'assessore della Regione Lombardia Guido Bertolaso si piega, e con la delibera del 15 maggio 2023 le tariffe sono riviste al rialzo: il rimborso per l'artrodesi vertebrale con approccio anteriore/posteriore combinato può ora raggiungere i 22.219 euro, senza più alcun paletto. Ci sono già i primi segnali di una nuova rincorsa lombarda al grande affare del mal di schiena.

Al privato gli interventi più redditizi, al pubblico tutto il resto

Nonostante negli ultimi trent'anni la popolazione italiana sia cresciuta pochissimo, il nostro sistema sanitario pubblico da solo non ce la fa a rispondere ai bisogni dei cittadini. Cosa è successo? In via generale, l'invecchiamento della popolazione da una parte e la costante diminuzione delle nascite dall'altra non bastano da sole a giustificare l'esplosione di bisogni sanitari oggettivi. Quello che è in costante crescita è anche il consumo sanitario indiscriminato, in parte legato a una maggiore consapevolezza dell'attività di prevenzione, in parte totalmente indotto dai medici di famiglia per le ragioni descritte nel capitolo 1 e, infine, dovuto all'aumento del numero di immigrati. E a un bisogno crescente non ha fatto seguito – colpevolmente – un'adeguata programmazione della sanità pubblica. Motivo per cui sono state via via coinvolte le strutture private con i requisiti per l'accreditamento. Nella pratica, vuol dire che, se si allunga la lista di attesa su alcuni interventi, i privati devono correre in aiuto al fine di consentire ai cittadini di ottenere ciò di cui hanno bisogno in tempi decenti. Come abbiamo detto, gli ospedali privati accreditati non possono aumentare l'attività in convenzione, perché il rimborso che possono ottenere dal Servizio sanitario nazionale ha un tetto di spesa. Tuttavia, chi guida queste strutture può decidere su quali discipline e interventi concentrarsi e quali invece trascurare. Il problema delle liste di attesa non li sfiora minimamente, anche quando le Regioni li pressano in tal senso. Loro, i privati, puntano sugli interventi più convenienti, ovvero quelli con i rimborsi più alti. E quali sono?

Innanzitutto, come confermano in modo impressionante i dati Agenas anche del 2023, le strutture private convenzionate preferiscono scegliere i ricoveri programmati, cioè quelle patologie che non rivestono carattere d'urgenza e sono quindi programmabili nel tempo: solo il 16 percento dei ricoveri effettuati dagli ospedali accreditati, infatti, riguarda pazienti che passano dal Pronto soccorso, mentre quasi la metà di quelli che avvengono nelle strutture pubbliche è legata a casi urgenti. Il motivo è che, se ti occupi di un paziente arrivato in ospedale per un'emergenza, lo devi prendere in carico con quello che ha, mentre se punti sull'«attività di elezione» puoi decidere di privilegiare chi deve sottoporsi a un intervento di artrodesi ben rimborsato rispetto a chi deve operarsi d'urgenza di appendicite con una tariffa di rimborso dieci volte inferiore. Programmare, inoltre, permette ovviamente di essere più efficienti e massimizzare il margine di guadagno.

Il business del mal di schiena non è un caso isolato. I privati scelgono le attività in cui guadagnare quote di mercato, specializzandosi negli interventi con tariffe di rimborso più elevate. E lo hanno fatto anche in uno dei momenti più difficili per il Servizio sanitario nazionale, durante gli anni del Covid e quelli immediatamente successivi, quando l'emergenza aveva costretto ad accumulare due anni di attività non svolta. Prendiamo il 2022 e guardiamo i ricoveri per aritmia, insufficienza cardiaca, malattie degenerative del sistema nervoso, gastroenteriche e delle vie biliari. E poi osserviamo gli interventi di piccola chirurgia, come quelli di adenoidectomia e di chirurgia vascolare minore. Nel far fronte alle necessità legate alle patologie più comuni, il pubblico, che deve ancora fare i conti con gli strascichi della pandemia, riesce a effettuare un numero di prestazioni decisamente inferiore rispetto al 2019, con il risultato che i cittadini si ritrovano incagliati in interminabili liste d'attesa. Gli ospedali privati accreditati dovrebbero compensare questo peso, invece pure loro diminuiscono il numero di queste prestazioni.

In compenso, le cartelle cliniche esaminate da Agenas dimostrano in modo inequivocabile che crescono quelle a maggior fatturato. Le protesi alle articolazioni passano dal 49 percento del 2019 al 56 percento del 2022. Quota del rimborso: 12.101 euro. La chirurgia per la cura dell'obesità cresce di 3301 interventi nel privato, che ne fa il 68 percento, contro il 59 di tre anni prima. Rimborso: 5681 euro. Si tratta, quest'ultimo, di un intervento spesso a rischio di inappropriatezza, poiché il medico ha ampia discrezionalità nel decidere se sia utile o meno eseguirlo. Ci sono infine le specialità chirurgiche di Cardiologia e Cardiochirurgia, che registrano concentrazioni impressionanti e in continua crescita. La città di Milano resta un caso emblematico. Il privato accreditato sostituisce il 77 percento delle valvole cardiache (rimborso di 17.843 euro), inserisce il 67 percento dei bypass coronarici (19.018 euro) e impianta il 62 percento dei defibrillatori (19.057 euro). È la stessa Regione Lombardia ad ammettere: «La sanità privata si è concentrata su alcune specifiche linee di attività che, tuttavia, impongono controlli incisivi in termini di appropriatezza» per evitare che «gli erogatori si concentrino su attività caratterizzate da buona redditività e da non verificata necessità epidemiologica».

In pratica, sul pubblico sono scaricati tutti gli interventi molto comuni e poco remunerativi: parti, interruzioni di gravidanza, colecistectomia, polmoniti e bronchiti, appendicectomia, tonsillectomia, interventi alla retina, cirrosi.

Allo stesso tempo, deve farsi carico degli interventi più costosi e rischiosi. A partire dai trapianti, eseguiti quasi esclusivamente dagli ospedali pubblici, seguiti dall'80 percento delle leucemie, l'83 percento delle neoplasie dell'apparato respiratorio e delle emorragie cerebrali, l'86 percento dell'ossigenazione extracorporea, l'83 percento degli interventi sul midollo spinale; ancora, i neonati gravemente prematuri sono curati per l'86 percento nelle strutture pubbliche.

Vediamo adesso il 2023, un anno realmente paragonabile al 2019 perché non più condizionato dalla pandemia. Il confronto mostra che la sanità ospedaliera italiana nel suo complesso perde i pezzi. Forse in modo definitivo. Altro che recuperare le attività non svolte durante il Covid!

In Italia, tra il 2019 e il 2023, ci sono quasi 570.000 ricoveri in meno, il 7 percento del totale. È come se si fossero chiusi tutti gli ospedali della Regione Piemonte o della Regione Sicilia. Ma a ridurre l'attività è quasi esclusivamente il sistema pubblico, mentre il privato tiene e il suo peso continua a salire: se nel 2019 i ricoveri nelle sue strutture erano il 26 percento del totale, nel 2023 diventano il 28 percento.

Di fatto, quindi, le strutture convenzionate possono continuare a scegliere chi ricoverare. Menisco e anca valgono poco e si scaricano sul pubblico. Mentre gli interventi per le protesi ortopediche aumentano del 35 percento rispetto al 2019. Gli impianti di defibrillatori o i bypass si concentrano nelle strutture private accreditate per il 40 percento dei casi. Più in generale, cresce la «chirurgia elettiva», cioè gli interventi chirurgici non urgenti e dunque programmabili: anche in questo caso, il 35 percento dei ricoveri in Italia è effettuato da soggetti privati. Nel Lazio, il privato sorpassa addirittura gli ospedali pubblici per numero di ricoveri chirurgici effettuati. Al pubblico, ancora una volta, restano i casi più compromessi legati a pazienti anziani e cronici.

CODICE ROSSO

La vergogna dei malati oncologici

Sul 2022, almeno per quel che riguarda l'oncologia, va invece spezzata una lancia a favore delle strutture convenzionate. Quell'anno i privati hanno effettivamente aiutato gli ospedali pubblici a recuperare i ricoveri persi durante il Covid: 412 interventi per tumori al seno con mastectomia in più rispetto al 2019, e anche il pubblico misura un più 806; entrambi hanno aumentato i ricoveri per neoplasie al rene e uretere e gli interventi per tumori ai polmoni. Il nostro sistema sanitario pubblico, considerato uno dei migliori al mondo, prevede che il malato oncologico, sia che si rivolga a un ospedale pubblico, sia a uno in convenzione, non paghi nulla, nemmeno il ticket. Dalla diagnosi all'intervento, fino alle cure e ai successivi follow up.

La differenza sostanziale, però, tra essere in cura in un ospedale pubblico e in uno privato accreditato è quel che succede dopo. Ossia tra la diagnosi di tumore e l'intervento chirurgico per asportarlo. Ce lo racconta chi l'ha vissuto in prima persona: «Nel mese di maggio 2024 casualmente mi sono accorta della presenza di un nodulo al seno e, pur avendo effettuato i controlli di routine solo pochi mesi prima, decido prontamente di ripetere l'ecografia per chiarire la situazione quanto prima. Le immagini non lasciano dubbi: quel nodulo non è sicuramente benigno. Presa dall'ansia vado dritta su una struttura privata accreditata di Milano (Humanitas) dove magicamente, dietro lauto pagamento di circa 500 euro, riesco a fare nel giro di pochi giorni l'agoaspirato (cioè il prelievo di una piccolissima parte di tessuto del nodulo per mezzo di un ago guidato da una sonda ecografica, che permette di localizzare al meglio il nodulo stesso su cui sarà eseguito l'esame istologico, *nda*). Purtroppo, l'esito conferma quanto mi era stato anticipato. L'Humanitas prende in carico il mio caso, mettendomi in lista d'attesa per una Pet. Io confidavo, essendo purtroppo ormai una malata oncologica, di avere una corsia preferenziale. Invece, dopo ben due mesi di attesa, nessuno si era ancora fatto vivo. Provo a contattarli per avere notizie, ma mi viene riferito che non ci sarebbe stata possibilità di trovare una data nel breve periodo. Stanca e sfiduciata, chiedo di eseguire la Pet a pagamento e scopro che, alla "modica cifra" di 1300 euro, avrei potuto eseguirla dopo due giorni. Incredibile vero?».

Per capire se la nostra malata è stata particolarmente sfortunata ci rivolgiamo all'Asl (Ats) di Milano. Veniamo così a scoprire che, dopo diverse segnalazioni del genere, proprio negli ultimi mesi l'Asl sta eseguendo uno studio statistico per verificare se c'è un abuso di attività a pagamento da parte dei privati convenzionati sui malati oncologici nella fase tra la diagnosi del tumore e l'intervento chirurgico. In questo periodo, il paziente – come la nostra malata – deve sottoporsi a visite specialistiche e a ulteriori esami diagnostici specifici a seconda del tumore (per esempio, Pet, risonanza magnetica, Tac, colonscopia, eccetera). Tutte prestazioni che dovrebbero essere prenotate ed eseguite dalla struttura con il Servizio sanitario nazionale come parte di una «presa in carico» del paziente (si pensi alle *breast unit* nel caso del tumore al seno); la corsia prioritaria su cui confidava la nostra paziente. A meno che uno decida di rivolgersi a un professionista di sua fiducia scegliendo la strada delle visite e degli esami in solvenza.

L'analisi dell'Asl è ancora in corso, ma i dati preliminari portano alla luce un meccanismo finora rimasto occulto. Il paziente oncologico preso in carico da un ospedale pubblico esegue a pagamento fino al 30 percento delle visite, spiegabile con il desiderio di scegliersi il medico, e fino al 20 percento degli accertamenti diagnostici. I numeri dei privati accreditati, invece, sono ben diversi. A parità di attesa – cioè i tre mesi che all'incirca separano la diagnosi dall'intervento – le visite a pagamento superano il 50 percento e gli accertamenti diagnostici, per esempio le indagini radiologiche, sono più del 30 percento. Il dubbio indotto dalla storia della nostra malata trova purtroppo conferma: i privati accreditati spingono verso l'attività a pagamento anche i malati oncologici in attesa di intervento. Questo non è vergognoso... è osceno!

La spinta verso l'attività a pagamento

Per comprendere le nuove frontiere della sanità, prendiamo in considerazione la Lombardia, la prima Regione italiana che ha stabilito per legge la parità di diritti e doveri tra soggetti pubblici e privati convenzionati, o accreditati, che operano all'interno del Servizio sanitario e sono rimborsati con soldi pubblici. Le intenzioni della norma n. 31, voluta nel 1997 da Roberto Formigoni, erano quelle di promuovere la competitività tra strutture per soddisfare al meglio i bisogni dei pazienti, che avrebbero potuto scegliere dove farsi curare, e per accorciare le liste d'attesa. Da allora, la Regione rimborsa indifferentemente gli uni e gli altri, all'interno dei «tetti di spesa» contrattati anno per anno. Il modello, cui si stanno ispirando sempre di più anche le altre Regioni, deve dunque garantire la parità di diritti e di doveri. In altre parole: ti accredito per fare quello che serve e non solo quello che ti conviene. Abbiamo già visto invece come i privati, all'interno della convenzione pubblica, scelgano le attività più redditizie. La novità è che adesso anche questo non basta più. Se da un lato la convenzione garantisce incassi certi e duraturi, dall'altro spinge su ricoveri, visite, esami specialistici in solvenza. Mettere le mani nel portafoglio dei pazienti rende di più! Vediamo quanto.

Una visita svolta in regime di convenzione è rimborsata dallo Stato 22 euro, mentre una visita svolta privatamente costa da 75 a 500 euro. E lo stesso vale per ecografie, risonanze magnetiche e ancora di più per i ricoveri. Così, come abbiamo raccontato nel capitolo 4, sono totalmente ignorate le richieste di produrre più prestazioni con il Servizio sanitario nazionale indispensabili per accorciare quelle liste d'attesa che stanno mettendo in ginocchio il Paese. E la salute dei cittadini.

Il Gruppo San Donato è tra i principali operatori in Italia del settore della sanità privata accreditata e il più importante in Lombardia (18 ospedali, con 5142 posti letto). Nel 2023, il numero di ricoveri complessivi è di oltre 200.000 (più 4,2 percento rispetto al 2022) e vede una maggiore incidenza dei ricoveri in regime di solvenza (12 percento contro il 10,8 percento dell'anno precedente). Nello stesso anno, i ricavi sfiorano i due miliardi (più 82 milioni) e l'utile è di otto milioni di euro. I ricavi per l'attività a pagamento corrispondono a 376,5 milioni (più 17 percento). Ecco cosa succede in due dei suoi principali ospedali. Al San Raffaele di Milano gli esami e le visite specialistiche con il Servizio sanitario nazionale diminuiscono per oltre mezzo milione di euro, mentre crescono di oltre 11 milioni le prestazioni a pagamento. Al Policlinico San Donato, specializzato nelle malattie cardiovascolari, per il Servizio sanitario nazionale sono eseguite prestazioni ambulatoriali per oltre un milione di euro in meno, mentre i ricavi per solventi salgono di 1,6 milioni. Il 4 giugno 2024, poi, il Gruppo Rotelli firma un accordo con Generali Italia, leader nell'ambito delle assicurazioni: nasce Smart Clinic S.p.A., la società che ha come obiettivo la realizzazione, entro il 2030, di un network di circa cento strutture sanitarie sull'intero territorio italiano. Il modello è basato sulla partnership sanità-assicurazione: «Generali Italia potrà offrire ai propri clienti un accesso facilitato alle prestazioni di tutte le Smart Clinic» spiega il Gruppo Rotelli. «Il network di Smart Clinic sarà accessibile a tutti i cittadini, compresi gli assicurati con tutte le principali mutue, casse e fondi sanitari e compagnie assicurative, a cui sarà garantita continuità di presa in carico, anche in caso di ulteriori approfondimenti o trattamenti presso gli ospedali del Gruppo.» In sostanza, ti intercetto nell'ambulatorio di fianco al tuo supermercato e poi ti porto a curarti in un ospedale convenzionato con il Servizio sanitario nazionale. Ma a pagare sei tu. Più avanti vedremo quanto.

Il secondo operatore privato lombardo accreditato è il gruppo Humanitas dell'imprenditore Gianfelice Rocca. Ha un fatturato 2023 di 591 milioni di euro (più 43 milioni rispetto al 2022) e vede utili per 40 milioni. Il suo gioiello è l'ospedale Humanitas a Rozzano, con 759 posti letto per 45.000 ricoveri l'anno. Complessivamente, le visite e gli esami svolti per il Servizio sanitario nazionale diminuiscono per un milione e mezzo di euro (2 percento), mentre l'attività privata, ossia i ricoveri e le prestazioni ambulatoriali a pagamento, cresce rispetto al 2022 di 23 milioni (più 14 percento), per un incasso complessivo dall'attività a pagamento di 192 milioni di euro. I centri medici Humanitas Medical Care sono ambulatori specialistici, presenti addirittura all'interno di alcuni centri commerciali e dotati anche di punti prelievi, convenzionati con tutti i principali fondi assicurativi (come Unisalute, Previmedical, Fasi, Faschim, Generali, Rbm, Blue Assistance). Le parole chiave della filosofia di Humanitas Medical Care sono: «Cura dei bisogni della persona, qualità, medicina di precisione, accoglienza, comodità e rapidità nel fornire prestazioni attente e puntuali». Sul sito è possibile prenotare una visita a pagamento in due minuti per avere la prestazione richiesta il giorno dopo: una visita cardiologica con elettrocardiogramma a 150 euro, una visita urologica a 80, un'ecografia all'addome a 200.

Un altro gruppo, di minore dimensione rispetto ai due precedenti, è MultiMedica Holding. Qui ci sono 812 posti letto per quasi 25.000 ricoveri, sono eseguiti 25.000 interventi chirurgici, oltre 4 milioni di prestazioni ambulatoriali e si registrano 30.000 accessi al Pronto soccorso. Con i ricoveri e le visite a pagamento, MultiMedica incassa 36,8 milioni di euro. Nel bilancio scrivono: «Dopo un 2023 chiuso con un incremento del fatturato generato dalla clientela privata del 7 percento circa rispetto al 2022, il primo bimestre del 2024 evidenzia una crescita, rispetto al medesimo periodo dell'anno precedente, più che raddoppiata (più 17 percento). Tale crescita è da ricondursi a un'ottima performance del fatturato sia delle prestazioni ambulatoriali (più 14 percento), sia delle prestazioni di ricovero (più 22 percento), equamente generata sia dall'attività prestata in favore di pazienti in c.d. "solvenza pura" e di pazienti assistiti da fondi e assicurazioni. L'Ospedale San Giuseppe continua inoltre a distinguersi come la struttura del Gruppo a maggior vocazione "solventi", con un contribuito del 50 percento circa al fatturato complessivo realizzato da MultiMedica con clientela privata. L'accelerazione nella crescita registrata nei primi mesi del 2024 è frutto in primo luogo di una nuova organizzazione che ha visto la costituzione, a metà del 2023, di una specifica Direzione aziendale dedicata ai "private customer", affidata a manager interni di comprovata esperienza, che hanno messo in campo una serie di azioni/investimenti a supporto di una strategia di rilancio e sviluppo dell'attività a pagamento, specie dell'Ospedale San Giuseppe, sia in termini di eccellenza nelle prestazioni clinico/assistenziali, sia in termini di *patient experience*. In merito alle iniziative messe in campo all'Ospedale San Giuseppe si rammentano, tra le altre, la nuova area accettazione solventi (...) e la nuova clinica di Ostetricia/Ginecologia dedicata ai solventi che hanno dato i primi risultati nel corso del 2023, e che ci si attende possano dispiegare appieno i loro effetti nel corso del 2024. Nel prosieguo dell'anno si attende inoltre un benefico effetto sul fatturato dell'area solventi indotto dall'arrivo di un nuovo primario alla guida del reparto di Ostetricia/Ginecologia con l'obiettivo dichiarato di incrementare il volume delle prestazioni offerte e consolidare ulteriormente l'Ospedale San Giuseppe sia come Punto Nascita di riferimento per l'utenza privata milanese, sia come centro di eccellenza per le patologie ginecologiche, anche mediante il coinvolgimento di un ulteriore team di professionisti esterni di chiara fama che potranno contare sui nuovi spazi della clinica "Mum2be". Nell'attuale difficile contesto macroeconomico caratterizzato da costi crescenti, bassi livelli di incremento della spesa pubblica in sanità e, viceversa, da una rinvigorita spesa privata, la capacità di MultiMedica di porre le premesse, affinché i propri professionisti siano in grado di offrire con soddisfazione una proposta ambulatoriale/chirurgica completa, caratterizzata da una *patient experience* di livello, in una struttura ubicata nel cuore di Milano, rappresenta infatti un fattore competitivo imprescindibile per il rilancio dell'attività assistenziale post pandemia».

Il fatturato complessivo è di 227 milioni di euro ed è in perdita di 4,6 milioni. Annotazione nel bilancio: «Dobbiamo specificare che nel corso del 2023 (fine aprile) la società è stata "vittima" di un attacco hacker che ha condizionato per un periodo considerevole la produzione, specie quella solvente». Tirando le somme: una volta create le premesse per un mercato della salute, lasciando mano libera agli stessi criteri di profitto di un qualunque prodotto commerciale, quel mercato è diventato inarrestabile. E sta svuotando il Servizio sanitario nazionale.

L'illusione delle assicurazioni sanitarie

La decisione di stipulare una polizza parte dalla convinzione che, con una minima spesa, ci si possa curare dove si vuole, quando si vuole e senza aspettare dei mesi. Ma la realtà è sempre un'altra cosa, a partire dal prezzo: più è basso e meno vantaggi hai. E poi c'è la questione «età»: fino a quando la copertura è possibile?

Oggi venti milioni di italiani hanno una polizza sanitaria in tasca, quasi il doppio rispetto solo a sei anni fa. In pratica, un italiano su tre è assicurato. Per molti è un benefit del datore di lavoro, che assicura i dipendenti a tempo indeterminato tramite contratti collettivi, oppure attraverso fondi di categoria (metalmeccanici, dirigenti, giornalisti, eccetera); poi ci sono gli enti mutualistici (per gli iscritti alla Camera di commercio), le casse mutue (per i dipendenti delle banche cooperative e dei ministeri). Sta di fatto che, dei circa venti milioni di assicurati, quindici lo sono in forma collettiva. I numeri ovviamente comprendono non solo il titolare della polizza, ma anche il nucleo familiare a cui è estesa la copertura. Il quadro emerge dal Bollettino statistico dell'Istituto per la vigilanza sulle assicurazioni (Ivass) del febbraio 2024 e dai dati 2023 dell'Osservatorio sui consumi privati in Sanità del Cergas-Sda Bocconi.

Il costo della polizza individuale è complesso da ricostruire, perché di solito le proposte sono ritagliate su misura: ci sono polizze da 100 euro l'anno per gli under trenta, ma si può arrivare a superare i 3-4000 euro. La polizza collettiva, suddivisa tra azienda e lavoratore, costa in media 279 euro l'anno. Con il pagamento di questi soldi, cosa rimborsa l'assicurazione?

Una delle prime compagnie in Italia nel settore dell'assicurazione sanitaria è UniSalute, del Gruppo Unipol, che lo scorso inverno ha lanciato la massiccia campagna pubblicitaria «Come stai?», con Luisa Ranieri come testimonial. L'altra compagnia leader di mercato è Intesa Sanpaolo Rbm Salute, al quale si appoggia il fondo sanitario dei lavoratori metalmeccanici MètaSalute che, da solo, raccoglie oltre un terzo del proprio numero di assicurati. Seguono Generali e Allianz. Tariffari alla mano, vediamo quali sono le condizioni.

Quando il paziente si rivolge a una struttura convenzionata con la propria assicurazione, non paga nulla perché ci pensa direttamente la compagnia, previa autorizzazione della «pratica». Se la struttura non è convenzionata, come nel caso di un intervento o un esame specialistico in libera professione in un ospedale pubblico, occorre anticipare il costo della prestazione e successivamente chiedere il rimborso. Poi è bene diventare esperti di franchigie, scoperti, rimborsi massimi per prestazione e massimali annui. Per una visita che costa 100 euro, ci può essere una franchigia di 35: vuol dire che l'assicurazione ne copre 65. Ci può essere uno scoperto del 20 percento, e in questo caso l'assicurazione ne copre 80, oppure una franchigia e uno scoperto, o un rimborso massimo a prestazione di 50 euro. Su un esame diagnostico lo scoperto può arrivare al 40 percento e al 15 percento su un intervento chirurgico (anche oncologico), che può arrivare a costare 18.000 euro. Bisogna inoltre fare i conti con il massimale, cioè la cifra o il numero di prestazioni oltre le quali non si ha più diritto a ottenere rimborsi: per esempio, una famiglia in un anno può vedersi rimborsati cinque esami diagnostici e cinque visite specialistiche, o avere un limite di spesa che va dai 500 ai 2500 euro. Dipende sempre dal costo della polizza. Per quel che riguarda gli interventi, bisogna vedere il tipo di operazione e il tipo di polizza. Per esempio, con il Fondo Est di UniSalute è assicurato tutto il mondo cooperativo. Succede che una commessa con un problema alla tiroide vada a fare una visita specialistica in libera professione da un chirurgo dell'ospedale San Raffaele, convenzionato con la sua assicurazione. La diagnosi è l'asportazione di un lobo, ma il Fondo Est rimborsa solo la tiroidectomia totale. A questo punto, il chirurgo la dovrebbe programmare con il Servizio sanitario nazionale e, quindi, il vantaggio della corsia preferenziale dato dall'assicurazione è pari a zero. Ma siccome la discrezionalità del chirurgo è totale, se è ingaggiato a fatturato può decidere di asportare tutta la tiroide, perché il rimborso è più alto e lo è anche la sua percentuale.

Tra le terapie più costose, ci sono le cure oncologiche. Prendendo come riferimento le tariffe medie di un ospedale pubblico specializzato nella cura dei tumori, una singola seduta di chemioterapia per il tumore al polmone costa 12.000 euro e ne va fatta una al mese per almeno due anni, arrivando dunque alla spesa di 288.000 euro. Un ciclo di terapia per il cancro al pancreas costa 3500 euro, e ne va fatto uno ogni quattordici giorni, per un totale di dodici cicli e 42.000 euro. Per il cancro al seno, il costo di un trattamento di chemioterapia è di dodici sedute a 2900 euro ciascuna, che fanno 34.800 euro. Tutto questo nell'ospedale pubblico è garantito senza sborsare un euro; cosa copre, invece, la polizza sanitaria? Intanto, non è detto che le cure oncologiche siano assicurate. E, quando lo sono, lo scoperto è almeno del 20 percento, con un limite di spesa che si posiziona tra i 5 e i 10.000 euro. È il motivo per cui, in caso di grave problema di salute, anche chi ha una polizza sanitaria sceglie di rivolgersi al Servizio sanitario nazionale per l'intervento e le cure.

Torniamo quindi alla domanda iniziale: fino a che età

l'assicurazione ti copre? Se è un benefit legato al lavoro dipendente, la copertura si chiude con il pensionamento. UniSalute, per esempio, si ferma ai sessantacinque anni. Poi, ti viene proposto il piano «over 65», che assicura fino a ottant'anni, ma con forti limitazioni. Gli enti mutualistici, essendo no profit, non mettono limiti di età, ma significative restrizioni ai rimborsi. Allianz e Generali, invece, ti dicono tanti saluti e arrivederci al compimento del settantacinquesimo anno di età. Dopo aver versato premi per decenni, proprio nel momento in cui ne avresti più bisogno, sei tagliato fuori. Allora, prima di decidere se davvero vale la pena assicurarsi, è meglio fare bene i conti, e le valutazioni dipendono soprattutto dal proprio conto in banca.

In generale, i premi pagati alle assicurazioni ammontano all'incirca a 3,7 miliardi di euro l'anno (Osservatorio sui consumi privati in Sanità, Cergas-Sda Bocconi). Nel 2022, i pazienti hanno chiesto rimborsi per oltre 3,1 miliardi, ma ne hanno ottenuti 2,2, cioè il 30 percento in meno di quanto speso.

È evidente che la promessa delle assicurazioni di garantirci una migliore tutela della salute attraverso un «Secondo pilastro sanitario» che ci rimborsi le cure sostenute di tasca nostra non corrisponde al vero. Tuttavia, se andiamo a vedere i loro margini di guadagno, scopriamo che, fatto 100 quello che incassano dai premi, alle assicurazioni resta solo il 14 percento. Il sistema assicurativo sanitario, dunque, appare già al limite della sostenibilità: messo a regime su larga scala, può reggere solo di fronte a un importante aumento dei premi assicurativi, oppure a nuovi paletti sul rimborso delle prestazioni. Non è un caso, quindi, se sono in costante crescita i reclami dei pazienti assicurati per difficoltà di accesso alle prestazioni sanitarie promesse e ai rimborsi, impossibilità di contattare il numero verde per avere informazioni, complicazioni per prenotare la prestazione dal medico convenzionato prescelto. Sono i motivi per cui, a maggio 2024, l'Autorità garante della concorrenza e del mercato decide di sanzionare per due milioni e mezzo di euro Intesa Sanpaolo Rbm Salute e per un milione di euro Previmedical Servizi per la Sanità Integrativa, una delle più importanti realtà del settore a cui è affidata la gestione e la liquidazione delle pratiche dei più grandi fondi e casse sanitarie italiani.

Dal canto loro, i cittadini possono sperare di avere un accesso più veloce a visite ed esami, ben consapevoli, però, che dovranno metterci comunque dei soldi di tasca propria e che al momento del «bisogno vero», con ogni probabilità, torneranno a farsi curare dal Servizio sanitario nazionale. La morale è che l'idea di contenere la spesa sanitaria pubblica e di tagliare i tempi di attesa incentivando le assicurazioni si sta rivelando un'illusione. Eppure, lo Stato per promuoverle concede importanti benefici fiscali. I 15 milioni di dipendenti assicurati dal datore di lavoro tramite contratti collettivi oppure attraverso fondi di categoria possono detrarre dalla dichiarazione dei redditi i contributi versati fino a 3615 euro l'anno, oltre al 19 percento delle spese sanitarie non rimborsate (con una franchigia intorno ai 130 euro). Anche per il datore di lavoro i contributi versati per le polizze dei dipendenti sono interamente defiscalizzati, e offrire un'assicurazione è quasi sempre l'ottima alternativa all'aumento di stipendio. Quei cinque milioni di italiani che hanno una polizza individuale, invece, possono detrarre il 19 percento di tutte le spese sanitarie sostenute, comprese quelle rimborsate, ma non il costo della polizza.

Parola d'ordine: esternalizzare

Che uno Stato debba disporre di personale qualificato per gestire le risorse è un'ovvietà. Altrimenti, chi analizza i mutamenti in corso e valuta le necessità, per poi prendere le decisioni più adeguate assumendosene la responsabilità?

Ebbene, da almeno una quindicina d'anni la competenza dei dirigenti non è più un tema di interesse. Il nuovo corso è quello di appaltare alle società di consulenza non solo i servizi, ma anche le strategie.

Dopo mesi di lettura di documenti, gare di appalto, accordi quadro e raccolta di informazioni da fonti qualificate, si scopre che a muovere le fila della politica sanitaria italiana sono i big della consulenza globale. Se il ricorso al supporto di queste multinazionali dovrebbe essere straordinario e circoscritto ad acquisire specifiche competenze per poi procedere in autonomia, oggi avviene l'esatto contrario. I loro contratti sono infatti costantemente reiterati e, in definitiva, i consulenti finiscono per sostituirsi non solo ai manager interni all'istituzione, ma all'istituzione stessa.

Questo trend inizia nel 2005, quando con la Finanziaria 311/2004 è stabilito l'obbligo di risanamento dei conti per le Regioni con i bilanci sanitari in perdita, le quali devono inoltre farsi certificare i rendiconti da un advisor esterno. Entra così in campo la società di revisione contabile americana Kpmg, scelta dal ministero dell'Economia e delle Finanze senza gara d'appalto, poi riconfermata con tre gare nel 2011, nel 2014 e nel 2018. Con l'approvazione del ministero, le Regioni affidano alla società anche la riorganizzazione della spesa sanitaria. Kpmg lavora in cordata con altri due colossi: Ernst & Young (EY) e PricewaterhouseCoopers (PwC).

Il risultato è che, dal 2007 al 2019, Abruzzo, Calabria, Campania, Lazio, Molise e Sicilia sborsano in consulenza 85,4 milioni di euro. Il 12 gennaio 2021 la Corte dei conti chiede spiegazioni: perché pagare Kpmg, quando per aiutare le Regioni a spendere meglio i soldi c'è Agenas, dotata di tecnici competenti dedicati? La risposta arriva con la gara d'appalto del 14 novembre 2022: in Lazio, Campania, Calabria e Sicilia, scatta un nuovo affidamento a Kpmg per altri 8,17 milioni di euro e in Abruzzo e Molise a Intellera (costola di PwC) per 3,16 milioni di euro.

A gennaio 2024, sulla carta, i conti paiono effettivamente migliorati. Il Lazio, per esempio, passa da un debito di 1,2 miliardi a un attivo di 84 milioni; tuttavia, nello stesso periodo, riceve dallo Stato 2,49 miliardi in più. Da un debito di 917 milioni, la Campania passa in attivo di 27 milioni, ma dallo Stato arrivano 1,6 miliardi in più. Al contrario, nonostante le consulenze, al 2020 Abruzzo, Molise e Calabria non sono riuscite nemmeno ad azzerare il disavanzo e anche le altre Regioni sono in Piano di rientro. Nel frattempo, leggendo i dati del rapporto Oasi 2023, si scopre che le cure alla popolazione risentono del taglio al numero di medici (dal 2009 a oggi, in Campania, Sicilia e Calabria, sono in calo tra il 22 e il 14 percento, contro un aumento del 10 percento in Emilia-Romagna e dell'8 percento in Toscana); in Molise, Campania, Calabria e Sicilia, non raggiungono i livelli essenziali di assistenza e offrono una minore speranza di vita. Dal 2005 al 2021 al Nord quest'ultima è cresciuta di due anni, al Sud di 1,4. I risultati non sono quelli auspicati.

C'è poi il tema della digitalizzazione. Uno degli assi strategici del Piano nazionale di ripresa e resilienza è proprio la transizione digitale, che per la nostra sanità significa rinnovare i sistemi informatici degli ospedali, a partire da quelli dei Pronto soccorso. Per farlo, il Pnrr ha destinato 2,1 miliardi così ripartiti: 1,45 miliardi di euro per la digitalizzazione dei Dipartimenti di Emergenza, Urgenza e Accettazione; 600 milioni per lo sviluppo del fascicolo sanitario; 80 milioni per la formazione di competenze digitali e 30 milioni per la reingegnerizzazione del Nuovo sistema informativo sanitario a livello locale.

Per raggiungere l'obiettivo, tuttavia, non bastano i software e le tecnologie, occorre ripensare il modo di lavorare. Il che, per tutto il sistema sanitario pubblico, vuol dire digitalizzare le informazioni sanitarie dei pazienti (cartella clinica e fascicolo sanitario) e organizzarsi di conseguenza.

Nel 2021, la cordata formata da Kpmg, McKinsey ed Ernst & Young si aggiudica la gara per la consulenza. Spesa: 185 milioni di euro. Le Regioni (tranne Valle d'Aosta e Basilicata) chiedono a queste società di fornire esperti per istruire il personale sanitario e operatori indipendenti per monitorare l'avanzamento dei lavori nelle singole Asl. Nei piani dei fabbisogni, però, si legge che alle società di consulenza è richiesta anche la parte strategica e di governance: devono cioè stabilire cosa serve, come gestire i progetti e analizzare i dati sanitari dei pazienti per rendere l'assistenza più efficiente. Cosa vuol dire in concreto?

All'interno del laboratorio di analisi, per esempio, è necessario digitalizzare, dove ancora non avviene, i dati dei pazienti e i risultati delle loro analisi all'interno di un sistema informativo unico di anatomia patologica. Il primo compito di Kpmg & C. è definire come procedere. I consulenti devono costruire i sistemi in grado di registrare il numero di accessi nei Pronto soccorso regionali e il tempo di attesa di ogni paziente, con alert che scattano in caso di rallentamento nel percorso di cura per conoscere e risolvere eventuali criticità. I Big data, che contengono le caratteristiche degli assistiti, le prestazioni erogate e i percorsi dei pazienti in Pronto soccorso, negli ospedali e ambulatori, devono essere raccolti e analizzati per monitorare e programmare le cure. Per farlo, sono richiesti studi di fattibilità per la creazione di database regionali e reportistica sulla situazione attuale. In sintesi: nelle mani delle «Big Con» straniere finiscono responsabilità delicate come la definizione dei nuovi modelli organizzativi delle cure che faranno seguito alla digitalizzazione, compreso il fabbisogno di medici e infermieri o l'individuazione dei criteri in base ai quali definire i tetti di spesa. In poche parole, i consulenti accedono ai dettagli dei dati sanitari e decidono la politica sanitaria. E cosa faranno poi di questi dati? Certo, hanno firmato clausole stringenti, ma finiranno pur sempre in un server da qualche parte. Nessun data center è blindato.

Tra luglio e agosto 2022, sempre per la digitalizzazione, si affidano a Kpmg, McKinsey ed Ernst & Young anche il Dipartimento per la trasformazione digitale e il ministero della Salute, con una spesa di 28 milioni di euro. Nonostante sia un compito istituzionale del ministero definire e programmare la direzione di marcia del Servizio sanitario nazionale, il lavoro è di fatto affidato a soggetti privati, ai quali è consentito entrare nel cuore del sistema sanitario locale. L'oggetto specifico di questi servizi di supporto non è individuabile se non per i macro-ambiti; non si conosce (perché non risulta pubblicato) di che cosa specificamente questi consulenti si siano occupati in concreto fino ad ora, né esiste alcun report pubblico sugli esiti delle attività svolte.

È una storia che viene da lontano. Per definire la strategia e la governance dei servizi informatici e della digitalizzazione della pubblica amministrazione, dal 2017 ci si affida a PricewaterhouseCoopers per 608,2 milioni di euro. Di questi, il ministero della Salute ne spende 7,4 per farsi dire le assicurazioni sanitarie quali prestazioni offrono e a chi, per fare previsioni sui bisogni di salute futuri incrociando i dati provenienti da varie piattaforme, raccogliere gli indicatori sulle grandi apparecchiature (Tac e risonanze magnetiche) in vista del rinnovo tecnologico e sviluppare, più in generale, il sistema informativo sanitario nazionale. Nel 2023, poi, altri 4,6 milioni sono dati a Intellera e Deloitte per, ancora una volta, fare previsioni sui bisogni di salute del futuro.

E dove si svolgono le attività delle «Big Con»? All'interno degli uffici delle direzioni sanitarie o delle Asl, e sono ammessi subappalti: vuol dire che le stesse società di consulenza vanno a cercare sul mercato le competenze che non hanno. Del resto, la loro esperienza primaria è quella di revisori contabili. Quindi, le Regioni pagano un consulente che poi ingaggia altri consulenti e si tiene pure il know-how, oltre a una mole di informazioni sanitarie dal valore inestimabile per disegnare strategie di marketing sul mercato del farmaco.

Veniamo alle spese: questi 185 milioni di progetti relativi alla sola consulenza sono interamente finanziati dal Pnrr, ma una buona fetta (65 milioni sui 148 che siamo riusciti a esaminare) le Regioni hanno deciso di prenderla dal fondo sanitario regionale. Nel caso della Campania, i consulenti sono pagati con i soldi destinati a curare i pazienti. Una scelta che denota, quantomeno, una certa confusione.

Quello che siamo riuscite a ricostruire non è che una piccola parte di un fenomeno che coinvolge tutta la pubblica amministrazione. Come ben sappiamo, il ministero ha i suoi direttori generali, dirigenti, funzionari e uffici legali. Come pure le Regioni, che dal Veneto alla Campania, passando per Lombardia, Emilia-Romagna, Lazio, Puglia, hanno società in house con centinaia di esperti e informatici. A cosa servono, se le decisioni – per nulla trasparenti – sono poi delegate alle società di consulenza? E mentre la pubblica amministrazione si svuota di competenze, le Big Con sono in permanente conflitto di interessi, perché svolgono lo stesso lavoro per le case farmaceutiche, gli imprenditori della salute, le compagnie di assicurazione.

Abbiamo la certezza assoluta che i macro-dati sanitari non siano comprati dalle compagnie di assicurazione per pianificare le loro strategie, decidere chi assicurare e chi no in base al loro stato di salute, o a quali condizioni offrire polizze al potenziale diabetico o all'iperteso? L'intelligenza artificiale applicata alla medicina sarà una rivoluzione di enorme utilità, ma in assenza di regole definite si aprono praterie immense. Da informazioni riservate sappiamo che un importante gruppo privato convenzionato sta lavorando a un programma mirato a individuare la sempre più vasta platea di ipocondriaci. A loro saranno proposti pacchetti di esami e controlli a pagamento. E più aumenta il consumo sanitario, più si ingolfano le liste d'attesa e più diventa indispensabile una copertura assicurativa. Difficilmente accessibile a un'ampia fetta della popolazione, visto che lo stipendio medio italiano è di 1700 euro netti al mese, e impraticabile per i quasi sei milioni di italiani in povertà e per 2,7 milioni di precari.

Radiografia degli ospedali italiani

So solo che, fino a tre mesi fa, mia mamma andava a fare la spesa da sola. Adesso è su una sedia a rotelle e mi chiedo: «Poteva andare diversamente?». È giovedì, lei si sveglia con un dolore alla schiena e alla gamba. Ha ottantadue anni, capita. Venerdì mattina quasi non riesce a muoversi, chiamo il suo medico di base; mi aspetto che venga a visitarla, lui invece mi tranquillizza: «Sarà una sciatalgia, le faccia un'iniezione di Voltaren». Sabato il dolore sembra attenuato, ma il piede non lo muove. Il medico non risponde più. Domenica sera mi allarmo e chiamo il 118. Arrivano due operatori con una barella e decidono che sicuramente si tratta di una frattura involontaria. La portano al Pronto soccorso dell'Ospedale Maggiore. Arriviamo che sono le 11 di sera, sembrava che tutta la città si fosse riversata lì. Eppure l'attesa non è lunga, la portano dritta in radiologia. L'esito della visita arriva poco dopo: «Nulla di rotto, non siamo riusciti a individuare la causa del dolore, probabilmente è una sciatalgia acuta, la rimetta in piedi il prima possibile». Faccio fatica a trasci-

narla in macchina, e poi a metterla a letto. Vedo che ha un livido al collo del piede, provo a pizzicarlo, è completamente insensibile. Alle 8.30 di lunedì chiamo di nuovo il suo medico di base, risponde la segreteria: «Richiamare dopo le 10». Alle 10 in punto riprovo, risponde il sostituto che mi consiglia di riportarla al Pronto soccorso, ma stavolta quello dell'Ospedale Sant'Orsola: «Potrebbe essere un problema vascolare». Devo litigare con gli operatori del 118 perché il Pronto soccorso più vicino è il Maggiore e vogliono riportarla lì. A fatica riesco a spuntarla. Al Sant'Orsola il medico di turno sospetta subito un'ischemia all'arteria femorale. Gli esami del sangue confermano la presenza di un coagulo: «Situazione gravissima, dobbiamo portarla con urgenza in sala operatoria, rischia l'amputazione perché il tessuto necrotizza in fretta e qui è arrivata tardi». L'intervento a cui ha dovuto sottoporsi mia mamma è stato pesante, il decorso lungo e complicato, con polmonite annessa, ma la gamba l'hanno salvata. Dopo 76 giorni d'ospedale, ora è a casa, è viva, anche se difficilmente riprenderà a camminare. Ho chiesto: ma se l'intervento fosse stato immediato? Nessuno si è preso la responsabilità di rispondere. In compenso, dal Pronto soccorso dell'Ospedale Maggiore mi sono arrivati da pagare 61 euro di ticket, perché per loro non era un'emergenza, tant'è che le avevano assegnato un codice azzurro.

6

Che cosa succede negli ospedali

Ad attendere il paziente in fondo all'imbuto, sia che passi dalla corsia preferenziale a pagamento, sia da una lunga lista d'attesa, c'è sempre un'azienda sanitaria di cui sappiamo, in realtà, molto poco. Per cominciare, il principio guida non è diverso da quello di tutte le altre aziende: il buon funzionamento dipende da com'è gestita. La scelta del manager, quindi, fa la differenza, anche se in questo caso l'obiettivo finale non è quello di perseguire il profitto, ma utilizzare le risorse che provengono dalle nostre tasche per garantirci cure adeguate. Pertanto, abbiamo setacciato le strutture ospedaliere per fornire ai cittadini una «guida» su come muoversi in caso di necessità.

Sui giornali capita di leggere notizie straordinarie del tipo: «Molinette, salvata bambina di cinque anni con un trapianto di fegato collegato direttamente al cuore»; «Policlinico Gemelli, caso di rara complessità: nella stessa seduta, effettuato un bypass coronarico, asportato un tumore renale e rimosso un enorme trombo»; «Padova, trapiantato un cuore fermo da venti minuti: prima volta»; «Cremona, tumore al cervello: primo intervento di chirurgia transulcale». Clamori meritati e rassicuranti. Nelle cronache, tuttavia, troviamo più spesso angoscianti episodi di grave malasanità: «Empoli, tumore maligno scambiato per benigno, muore a quarant'anni per diagnosi errata»; «Udine, dimessa due volte dal Pronto soccorso, muore per embolia». La realtà con cui si confrontano abitualmente i pazienti sta però nel mezzo: ed è proprio a partire dalla gestione quotidiana che si può valutare l'efficienza degli ospedali, cioè la capacità dei loro direttori generali. La questione, come vedremo, è dirimente.

Partiamo dalla prima considerazione: si può dire che un'azienda ospedaliera funziona bene quando rispetta i requisiti imprescindibili. Innanzitutto, deve avere un Pronto soccorso in grado di assistere i pazienti in codice bianco o verde entro otto ore dal loro ingresso; deve garantire tempi di attesa per visite ed esami che rispettino i limiti di legge; un basso tasso di ricoveri ad alto rischio di inappropriatezza, e che i pazienti siano ricoverati nel giusto reparto. Inoltre, non deve far passare troppo tempo tra l'ingresso in ospedale per un intervento chirurgico e l'intervento stesso. Deve disporre di un numero adeguato di medici e infermieri per posto letto, apparecchiature diagnostiche non obsolete, saper attrarre pazienti da fuori regione, e avere i conti in ordine. Vista la situazione generale, raggiungere tutti questi obiettivi è un'impresa impossibile. Tuttavia, a parità di risorse, alcuni ospedali si avvicinano di più, altri di meno. La differenza sta appunto «nel manico».

Nel 2019 la legge di Bilancio affida all'Agenas il compito di monitorare il raggiungimento degli obiettivi dei direttori generali attraverso la realizzazione di un sistema «di analisi e monitoraggio delle performance delle aziende sanitarie che segnali, in via preventiva, attraverso un apposito meccanismo di allerta, eventuali e significativi scostamenti relativamente alle componenti economico-gestionale, organizzativa, finanziaria e contabile, clinico-assistenziale, di efficacia clinica e dei processi diagnostico-terapeutici, della qualità, della sicurezza e dell'esito delle cure, nonché dell'equità e della trasparenza dei processi». Dal 2023 Agenas inizia a valutare le performance dei manager degli ospedali pubblici, incluse le aziende ospedaliere universitarie, e divide le strutture in due gruppi: quelle sotto i settecento posti letto, e quelle sopra.

Dall'analisi restano esclusi, data la necessità espressa da Agenas di raccogliere dati comparabili tra loro, gli Irccs (Istituti di ricovero e cura a carattere scientifico) non universitari, gli ospedali monospecialistici, le Asl e le aziende territoriali come quelle socio-sanitarie della Lombardia, che dal 2015 hanno incorporato quasi tutti gli ospedali pubblici della Regione.

I risultati, incrociati con i dati del «Programma nazionale esiti», confermano la corrispondenza tra capacità dei direttori generali e risultati clinico-assistenziali.

L'esame dei dati 2022 evidenzia che, delle cinquantuno aziende ospedaliere esaminate, diciotto hanno un livello di performance basso, ventidue un livello medio e solo undici alto. Ecco quali sono gli ospedali migliori:

Regione	Ospedale
Piemonte	AO SANTA CROCE E CARLE
Veneto	AOU INTEGRATA VERONA
Veneto	AOU PADOVA
Toscana	AOU SENESE
Toscana	AOU PISANA
Toscana	AOU CAREGGI
Lombardia	AOU POLICLINICO SAN MATTEO
Emilia-Romagna	AOU BOLOGNA-POLICLINICO SANT'ORSOLA
Marche	AOU OSPEDALI RIUNITI ANCONA
Umbria	AO PERUGIA
Piemonte	AO ORDINE MAURIZIANO DI TORINO

E quali, invece, da bollino rosso.

Regione	Ospedale
Sardegna	AO G. BROTZU
Campania	AO SAN GIUSEPPE MOSCATI
Sicilia	AOU GAETANO MARTINO
Campania	AO DEI COLLI
Sicilia	AOU GIACCONE
Campania	AOU S. GIOVANNI DI DIO RUGGI D'ARAGONA
Calabria	AOU DULBECCO (*)
Sardegna	AOU SASSARI
Calabria	AO COSENZA
Sicilia	AO OSPEDALI RIUNITI VILLA SOFIA CERVELLO

(*) Azienda costituita dall'unione della AOU Mater Domini e AO Pugliese Ciaccio.

Tempi di attesa degli interventi per tumori

Per tutti i ricoveri programmati, Regioni e Province autonome devono assicurare l'applicazione sistematica delle classi di priorità, definite in coerenza con quanto stabilito dal Piano nazionale per il governo delle liste di attesa 2019-2021. In particolare, per gli interventi chirurgici legati alle patologie tumorali, ai quali si applica la classe di priorità «A», il ricovero deve essere garantito entro trenta giorni.

Di seguito riportiamo la lista aggiornata delle dieci strutture ospedaliere che assicurano i tempi di attesa più brevi.

Regione	Ospedale
Piemonte	AO SANTA CROCE E CARLE
Toscana	AOU PISANA
Veneto	AOU PADOVA
Lazio	AOU POLICLINICO UMBERTO I
Veneto	AOU INTEGRATA VERONA
Toscana	AOU SENESE
Lombardia	AOU POLICLINICO SAN MATTEO
Toscana	AOU CAREGGI
Puglia	AOU POLICLINICO DI BARI
Emilia-Romagna	AOU FERRARA-ARCISPEDALE SANT'ANNA

E quella delle dieci strutture con i tempi di attesa più lunghi.

Regione	Ospedale
Campania	AO DEI COLLI
Sardegna	AOU CAGLIARI
Campania	AOU S. GIOVANNI DI DIO RUGGI D'ARAGONA
Sicilia	AO PER L'EMERGENZA CANNIZZARO
Campania	AO SAN PIO
Sicilia	AO CIVICO DI CRISTINA BENFRATELLI
Calabria	AOU DULBECCO (*)
Piemonte	AO SS.ANTONIO E BIAGIO E CESARE ARRIGO
Sicilia	AOU GIACCONE
Piemonte	AOU SAN LUIGI GONZAGA

(*) **Azienda costituita dall'unione della AOU Mater Domini e AO Pugliese Ciaccio.**

Durata del ricovero a parità di gravità

C'è poi un altro indicatore importante per misurare la qualità di una struttura ospedaliera. È l'Indice comparativo di performance, che permette di valutare, a parità di gravità del caso, la durata del ricovero: più quest'ultimo risulta lungo, più l'ospedale ha problemi organizzativi. Vediamo, allora, quali sono gli ospedali in cui la durata del ricovero risulta minore.

Regione	Ospedale
Piemonte	AOU MAGGIORE DELLA CARITÀ
Toscana	AOU PISANA
Piemonte	AO SANTA CROCE E CARLE
Toscana	AOU CAREGGI
Calabria	AOU DULBECCO (*)
Toscana	AOU SENESE
Basilicata	AO SAN CARLO
Veneto	AOU PADOVA
Umbria	AO PERUGIA
Emilia-Romagna	AOU MODENA

(*) Azienda costituita dall'unione della AOU Mater Domini e AO Pugliese Ciaccio.

Qui, invece, quella degli ospedali in cui la durata del ricovero è maggiore.

Regione	Ospedale
Liguria	AOU POLICLINICO SAN MARTINO
Sardegna	AOU SASSARI
Piemonte	AOU SAN LUIGI GONZAGA
Sicilia	AO PAPARDO
Campania	AO SANT'ANNA E SAN SEBASTIANO
Sicilia	AO OSPEDALI RIUNITI VILLA SOFIA CERVELLO
Sicilia	AO CIVICO DI CRISTINA BENFRATELLI
Campania	AO A. CARDARELLI
Emilia-Romagna	AOU FERRARA-ARCISPEDALE SANT'ANNA
Lazio	AOU POLICLINICO UMBERTO I

Con tutte le dovute eccezioni, questi risultati indicano il livello di abilità organizzativa e di gestione delle risorse in capo al direttore generale. Sempre dall'analisi di Agenas emerge, per esempio, che ci sono ospedali nei quali la sala operatoria, per inefficienza organizzativa, ospita solo quattrocento interventi l'anno, cioè poco più di uno al giorno. È interessante allora andare a vedere in base a quali criteri vengono reclutati, e da chi, i direttori generali delle strutture ospedaliere pubbliche.

Dal 2012, possono ricevere l'incarico esclusivamente manager iscritti all'albo nazionale e in possesso dei seguenti requisiti: laurea, comprovata esperienza dirigenziale di almeno cinque anni nel settore sanitario, o di sette anni in altri settori, aver frequentato un corso di formazione in materia di sanità pubblica, e non aver compiuto i sessantacinque anni di età. Alla nomina partecipano commissioni di esperti che valutano le credenziali dei candidati, ma chi ha l'ultima parola è il presidente della Regione, in accordo con il suo assessore alla Sanità. La scelta, quindi, è politica.

L'eterna crisi dei Pronto soccorso

Uno dei principali indicatori del buon funzionamento di un ospedale è un Pronto soccorso dove i pazienti ricevono l'assistenza necessaria entro otto ore. Ma i Pronto soccorso oggi sono la sintesi e la versione più estrema dei problemi della nostra sanità. Per farli uscire dalla crisi, è necessario capire i motivi del loro malfunzionamento. Vuol dire mettere mano a tutto quello che negli anni è stato prima trascurato, poi sottovalutato, e infine ignorato.

La croce con la luce rossa di un Pronto soccorso è rassicurante, e il desiderio dei cittadini è quello di averne la disponibilità il più vicino possibile a casa. Per utilizzarlo anche e soprattutto al posto del medico di famiglia. Infatti gli assistiti che si auto-presentano sono numerosissimi. Come abbiamo già visto attraverso i dati Agenas, il numero di codici bianchi e codici verdi, dunque con problemi di salute lievi, sfiora il 70 percento degli accessi totali (12,4 milioni su 18,5). Nell'88 percento dei casi non segue un ricovero. All'interno di questa percentuale, sono contenuti 4 milioni di accessi considerati impropri, ossia evitabili in presenza di un'alternativa soddisfacente. La metà dichiara disturbi generici, il 10 percento problemi oculistici, il 7 percento dolori addominali, il 5 percento disturbi ginecologici e altrettanti otorinolaringoiatrici. Il 3 percento presenza di febbre. Il paziente-tipo ha tra i venticinque e i sessantaquattro anni, è quindi in età lavorativa, e si presenta al Pronto soccorso prevalentemente tra le 8 del mattino e mezzogiorno, soprattutto il lunedì.

Questo fenomeno è dovuto principalmente al fatto che il Pronto soccorso è percepito come il punto di accesso più immediato e diretto al bisogno di salute. Ho la diarrea? Al Pronto soccorso mi faranno la visita, gli esami diagnostici necessari e mi prescriveranno la cura. Avrò atteso a lungo, ma risolvo tutto in una giornata, salto le liste d'attesa e, se sono un codice bianco, me la cavo pagando un ticket da 25 euro, altrimenti dal codice verde in su non devo sborsare nulla. In molti casi, sono proprio i tempi lunghi delle prestazioni specialistiche e diagnostiche le ragioni per le quali si va al Pronto soccorso.

La conseguenza degli accessi impropri è un intasamento

dei percorsi assistenziali, con il conseguente rallentamento di tutta l'attività in emergenza, a discapito della presa in carico dei pazienti. E alla fine nessuno è soddisfatto per il trattamento che ha ricevuto, perché comunque «ho atteso troppo»! Un codice bianco mediamente resta in Pronto soccorso tre ore e un codice verde quattro, ma è appunto una media. Le cronache quotidiane raccontano di intere giornate trascorse in attesa di essere visitati.

Dietro questi comportamenti, c'è la volontà dei cittadini di bypassare due tra i problemi più gravi del Servizio sanitario nazionale: il buco dell'assistenza sul territorio e le liste d'attesa. Ma i Pronto soccorso intasati sono anche lo specchio della drammatica carenza di personale negli ospedali, e della loro inefficienza. Quando nei reparti i posti letto sono insufficienti, e il personale sanitario manca, il Pronto soccorso si trasforma in un girone infernale: i malati che dovrebbero essere ricoverati vengono parcheggiati per giorni sulle barelle nei corridoi, insieme al via vai di umanità dolente. E i medici che accettano di lavorare qui sono ormai davvero pochi. Nel maggio 2024, la Commissione Affari sociali della Camera ha stimato che nei reparti di Emergenza-Urgenza sarebbero necessari oltre 4500 medici e circa 10.000 infermieri in più. È il motivo per cui i Pronto soccorso sono diventati la frontiera più avanzata del fenomeno dei «medici a gettone». Allo stesso tempo, sono la spia più preoccupante della disaffezione dei laureati in Medicina verso specialità faticose, con turni massacranti, mal remunerate, e in più gravate da un alto rischio di denunce. Il dato emblematico, lo ribadiamo, è che nel 2023 è andato deserto il 74 percento delle borse di specializzazione disponibili.

E se i giovani non vogliono più andare a lavorare in Pronto soccorso, c'è già chi dai Pronto soccorso sta scappando. Il calcolo lo fa sempre la Commissione Affari sociali della Camera: si sta verificando una fuga di circa cento medici al mese verso posti di lavoro che garantiscano una migliore qualità di vita personale, lavorativa ed economica. Una fuga dalla Medicina d'emergenza-urgenza connessa alle condizioni di lavoro e a uno stipendio che, di fatto, non incentiva, considerata pure l'impossibilità oggettiva di svolgere parte del lavoro in libera professione. Non è certo di stimolo l'indennità concessa qualche anno fa di 12 euro lordi per ogni turno di dodici ore di effettiva presenza in servizio. E non è considerata soddisfacente la tariffa fissata nel 2023 a 100 euro l'ora per le prestazioni offerte oltre l'orario regolare di lavoro. Avrebbe senso cominciare già a pagare di più la borsa di studio di chi sceglie la scuola di specializzazione in Medicina d'emergenza-urgenza.

Si aggiunge poi il problema della diffusione dei Pronto soccorso sul territorio: sono pochi per soddisfare le richieste di chi abita nei piccoli paesi di collina e montagna, ma in assoluto troppi per avere il volume di attività necessario a garantire sicurezza e qualità delle cure. Cerchiamo di capire consultando sempre i dati Agenas: 3,4 milioni di cittadini (6 percento della popolazione) non sono in grado di raggiungere le strutture entro trenta minuti, come sarebbe invece auspicabile, proprio perché abitano lontano dai grandi centri urbani. Su 1400 ospedali italiani, 615 hanno un Pronto soccorso. Di questi, 278 hanno il Pronto soccorso di base, 243 un Dipartimento di emergenza urgenza e accettazione (Dea) di primo livello, 94 di secondo livello. La differenza tra gli uni e gli altri è la gravità dei casi da trattare: i Dea di primo livello hanno la Chirurgia generale, l'Ortopedia-Traumatologia e la Cardiologia, mentre i Dea di secondo livello anche la Cardiochirurgia, la Neurochirurgia, la Terapia intensiva neonatale, la Chirurgia vascolare e toracica. I Pronto soccorso di base, invece, assicurano solo gli accertamenti diagnostici e gli eventuali interventi necessari per la soluzione di un problema clinico urgente ma non troppo complesso. Oppure, nei casi più complicati, garantiscono la stabilizzazione del paziente e il trasporto a un ospedale in grado di fornire prestazioni specializzate. Con il decreto ministeriale 70 del 2015 sugli «standard qualitativi, strutturali, tecnologici e quantitativi relativi all'assistenza ospedaliera», viene stabilito che ciascun reparto ospedaliero per garantire la qualità e sicurezza delle cure deve raggiungere un certo volume di attività, e pertanto un Pronto soccorso di base per restare in funzione dovrebbe avere più di 20.000 accessi in un anno. In realtà, il 75 percento registra un numero di accessi inferiore, e il 29 percento scende sotto i 15.000. Andrebbero quindi chiusi. Ma è una scelta politica che comporta la rivolta del consenso.

Quanto raccontato fin qui mostra dunque che è molto difficile dare una risposta efficace al legittimo desiderio dei cittadini di avere un Pronto soccorso vicino a casa. Il tentativo di renderli più diffusi sul territorio ha portato al sempre più massiccio ricorso ai medici non specializzati delle cooperative, con tutte le conseguenze che ne derivano, e peraltro senza raggiungere i volumi di attività standard. La soluzione più adeguata è quella delle Case della Comunità. Queste strutture polifunzionali possono contribuire a rafforzare l'assistenza sul territorio e a ridurre l'attesa per gli esami di base come l'elettrocardiogramma, l'ecografia e la spirometria. Tutte le altre questioni irrisolte da troppo tempo, e indispensabili a risollevare da molte difficoltà l'intero Servizio sanitario nazionale, portano dritto all'urgenza di una programmazione sanitaria corretta. Per colmare il buco di medici e infermieri che mancano, occorre stabilire di quali figure ci sarà bisogno nel prossimo futuro, e in che numero. Poi vanno incentivati a lavorare nei luoghi e nei reparti dove servono alzando i loro stipendi. A tal fine, è indispensabile reclutare teste pensanti, cioè i professionisti della programmazione, non gli improvvisati fedeli al partito o governo di turno. Parliamo di responsabilità politica dell'intera filiera, dai ministeri fino agli assessori regionali.

Dove i punti nascita sono a rischio

Vediamo ora le condizioni dei cosiddetti «punti nascita», cioè di quegli ospedali dotati di reparti maternità con sala travaglio, sala parto, sala operatoria per tagli cesarei e isola neonatale. Queste strutture dovrebbero garantire per legge il funzionamento di un Pronto soccorso ostetrico ginecologico ventiquattr'ore su ventiquattro, con personale medico e ostetrico dedicato.

Per cominciare, è necessario spiegare alle donne, alle famiglie, e ai politici locali, che il desiderio di far nascere i figli vicino a casa spesso non va d'accordo con la sicurezza ostetrica. Una tutela adeguata può essere garantita esclusivamente in quei reparti di maternità che eseguono un alto numero di parti l'anno, e dove medici e operatori sanitari possono maturare l'esperienza necessaria a fronteggiare anche le emergenze meno frequenti. La Società italiana di Neonatologia, in linea con la gran parte degli esperti internazionali, indica la maggiore incidenza di rischi per madre e neonato proprio nei punti nascita sotto i cinquecento parti l'anno.

Il primo provvedimento legislativo che va in questa direzione, mettendo le basi per una progressiva riorganizzazione di tutta la rete, risale addirittura all'accordo Stato-Regioni del 16 dicembre 2010. Già allora c'era la consapevolezza che il volume di parti eseguiti rappresenta il principale indicatore di garanzia a tutela della mamma e del bambino. Infatti, la soglia per cure perinatali qualitativamente accettabili viene posta a mille parti annui, con la possibilità di abbassarla a cinquecento nei casi di difficoltà geografica oggettiva delle partorienti a raggiungere reparti con una maggiore attività. In concreto, l'accordo Stato-Regioni del 2010 prevede la chiusura dei punti nascita che non raggiungono questa soglia minima. In quel periodo, secondo il report del ministero della Salute che analizza i «Certificati di assistenza al parto (CeDAP)», il 7,1 percento delle 545.000 nascite avveniva in centotrentacinque strutture che non rispettavano la soglia dei 500 parti l'anno.

Cosa è successo da allora? A partire dai dati contenuti nello stesso report del ministero, aggiornato al 2022, si scopre che i parti sono scesi in picchiata a 387.000, ma nel 7,5 percento dei casi il lieto evento ha avuto luogo in novantasei strutture che accolgono meno di cinquecento parti.

Il crollo delle nascite – ben 158.000 in meno in dodici anni – ha trascinato verso il basso anche i punti nascita, passati da 531 a 395 unità. Però la percentuale di donne che partorisce in strutture senza i requisiti di sicurezza minimi è rimasta praticamente la stessa. I conti non tornano. Per capire cosa non ha funzionato, è necessario andare a vedere le decisioni adottate dal 2010 in poi.

Nel 2015 l'allora ministra della Salute Beatrice Lorenzin ha emanato un decreto ministeriale con il quale rende meno stringente il limite dei cinquecento parti annui, e l'obbligo di chiudere un'unità operativa non è più vincolato al solo criterio del numero di nascite. Vanno considerati anche elementi di natura ambientale e di contesto. L'eventuale chiusura di punti nascita che, per quanto sottosoglia, operano in aree del Paese svantaggiate come le zone di montagna potrebbe avere dei contraccolpi sull'assistenza tempestiva delle pazienti.

La riorganizzazione della rete dei punti nascita è dunque demandata a Regioni e Province autonome che, attraverso i propri assessorati alla Salute, devono però avvalersi del consulto del Comitato percorso nascita nazionale. La definizione degli assetti dell'assistenza perinatale è, di fatto, nelle sue mani: «La richiesta di deroga dalla chiusura da parte delle Regioni e Province autonome» dice in sintesi il Comitato «deve essere corredata da un'analisi dei flussi di mobilità attiva e passiva delle partorienti rispetto ai punti nascita per cui si richiede il mantenimento in vita». In pratica, per decidere se tenere o chiudere un punto nascita o andare in deroga, bisogna valutare analiticamente quali alternative hanno le partorienti: quanto tempo ci mettono a raggiungere questo o quell'ospedale, quali di questi è in grado di accogliere un numero maggiore di parti, in che quantità e così via. E qui entrano in gioco ambiti di grande complessità, come la cartografia numerica e la statistica spaziale.

A partire dal 2023, Agenas comincia a supportare, in forma sperimentale, il lavoro del Comitato, fornendo consulti che valutano caso per caso. Sostanzialmente si considera con quale probabilità una gestante che abita in un dato comune possa rivolgersi a una struttura piuttosto che a un'altra. Tale probabilità è calcolata valutando la distanza grafo-stradale espressa in tempo di percorrenza dal comune di residenza ai diversi punti nascita, la capacità ricettiva dei singoli punti (il numero di posti letto presenti nei reparti di Ostetricia e Ginecologia), e la domanda potenziale riferita al numero di donne residenti nell'area in età fertile, cioè tra i quindici e i quarantanove anni di età.

Un'indicazione fondamentale sulla necessità di tenere aperto o chiudere un punto nascita si ottiene, quindi, dalla presenza «a portata di mano» di altri reparti con un volume di attività più alto o, viceversa, dalla possibilità che la chiusura di un punto in un'area semiperiferica o periferica possa incidere sulla tempestività della risposta di assistenza.

Il progressivo abbandono dei centri periferici e il calo demografico rendono tuttavia sempre più complessa l'equazione tra il diritto alla cura, da una parte, e la sostenibilità e sicurezza del servizio, dall'altra. Per come stanno oggi le cose, nei luoghi in cui sarà complicato chiudere, l'ipotesi è quella di lasciare aperto un presidio supportato da équipe mediche itineranti, cioè da ginecologi-ostetrici con esperienza che si spostano da un ospedale all'altro.

Sulla base di tutte queste considerazioni, è possibile stilare una lista dei punti nascita che sarebbe meglio evitare, perché non raggiungono il numero minimo di parti annuali, e si trovano invece a breve distanza da ospedali che possono offrire maggiori tutele.

Tabella punti nascita

STRUTTURA / COMUNE	REGIONE	CATEGORIA	N. PARTI
Ospedale di San Donà di Piave	Veneto	Pubblico	497
Ospedale S. Maria delle Stelle, Melzo	Lombardia	Pubblico	492
Ospedale di Castelfranco Veneto	Veneto	Pubblico	484
Po Latisana e Palmanova, Latisana	Friuli-Venezia Giulia	Pubblico	476
Stabilimento Ospedaliero Castelli, Verbania	Piemonte	Pubblico	474
P.O. San Salvatore, Pesaro	Marche	Pubblico	473
Istituto Clinico Vidimura Srl, Catania	Sicilia	Privato accreditato	473
Ospedale Santa Scolastica, Cassino	Lazio	Pubblico	471
Osp. Sacra Famiglia F.B.F., Erba	Lombardia	Privato accreditato	466
P.O. S. Cimino, Termini Imerese	Sicilia	Pubblico	464
Ospedale Civile, Voghera	Lombardia	Pubblico	460
Ospedale Civile, Vigevano	Lombardia	Pubblico	459
P.O. Ospedale del Mare, Napoli	Campania	Pubblico	456
P.O. Sud, Formia	Lazio	Pubblico	454
Ospedale di San Vito al Tagliamento	Friuli-Venezia Giulia	Pubblico	452
Ospedale E. Franchini, Montecchio Emilia	Emilia-Romagna	Pubblico	451
Ospedale Civile, Sondrio	Lombardia	Pubblico	449
Ospedale T. Masselli Mascia, San Severo	Puglia	Pubblico	448
Ospedale Mons. R. Dimiccoli, Barletta	Puglia	Pubblico	440
P. O. San Martino, Oristano	Sardegna	Pubblico	438
Fondazione Istituto G. Giglio, Cefalù	Sicilia	Privato accreditato	431
Ospedale Maggiore, Chieri	Piemonte	Pubblico	430
P.O. Sant'Elia (ex Ao), Caltanissetta	Sicilia	Pubblico	420
P.O. San Giovanni Bosco, Napoli	Campania	Pubblico	402
Ospedale Sant'Andrea, Vercelli	Piemonte	Pubblico	392
Ospedale "degli Infermi", Faenza	Emilia-Romagna	Pubblico	358
Ospedale Ss. Giovanni e Paolo, Venezia	Veneto	Pubblico	351

P.O. Unico Integrato, Rieti	Lazio	Pubblico	333
P.O. N.S. di Bonaria, San Gavino Monreale	Sardegna	Pubblico	322
Ospedale San Lorenzo, Valdagno	Veneto	Pubblico	315
Ospedale San Paolo, Civitavecchia	Lazio	Pubblico	304
P.O. San Paolo, Napoli	Campania	Pubblico	280
Ospedale Santo Spirito, Casale Monferrato	Piemonte	Pubblico	279
Ospedale di Portogruaro, Portogruaro	Veneto	Pubblico	272
Ospedale Santa Maria della Stella, Orvieto	Umbria	Pubblico	266
Ospedale di Circolo S.L. Mandic, Merate	Lombardia	Pubblico	197
P.O. C.T.O., Iglesias	Sardegna	Pubblico	147
Casa di Cura Mater Dei, Roma	Lazio	Privato	146
Ospedale San Biagio, Domodossola	Piemonte	Pubblico	77
Casa di Cura Quisisana, Roma	Lazio	Privato	65
Casa di Cura Villa Margherita, Roma	Lazio	Privato	56

L'obsolescenza delle grandi apparecchiature

Nel corso della vita è piuttosto elevata la probabilità di doversi sottoporre a esami diagnostici tipo Tac, risonanze magnetiche, mammografie, angiografie e così via. In gergo sanitario gli strumenti per eseguire questi esami si chiamano «grandi apparecchiature».

Nel complesso, le prestazioni di questo genere svolte nel 2023 sono state 65,5 milioni, di cui il 58 percento eseguite negli ospedali pubblici e il 42 percento nelle strutture private convenzionate con il Servizio sanitario nazionale. A fronte di questi numeri, è dunque importante conoscere «lo stato di salute» dei macchinari, poiché il loro livello di precisione può fare la differenza, soprattutto nella diagnosi delle malattie più gravi.

Proprio come per le automobili o qualsiasi altro apparecchio meccanico o elettrico, diverse variabili possono rendere necessaria una sostituzione: l'usura dovuta all'età, la modalità di utilizzo, il numero di guasti, i costi di gestione, lo sviluppo di tecnologie più all'avanguardia. Bisogna quindi valutare quando le attrezzature troppo vecchie espongono il paziente a più radiazioni del dovuto e a diagnosi meno precise, non garantiscono la sicurezza degli operatori sanitari e il loro funzionamento non ne consente un utilizzo appropriato.

Per l'Associazione italiana degli ingegneri clinici, non vi è alcun dubbio che, pur non esistendo un riferimento univoco, il limite dei dieci anni di vita di un macchinario rappresenti uno spartiacque. Un mammografo con meno di dieci anni, per esempio, permette una visione più accurata e approfondita delle patologie tumorali, perché l'immagine è ottenuta attraverso la tomosintesi: la mammella è analizzata da diverse angolazioni grazie a un'acquisizione a strati in 3D, il che consente di esaminare parti di tessuto che altrimenti rischiano di rimanere nascoste. Allo stesso modo, una risonanza magnetica eseguita con un macchinario «ad alto campo» fornisce una qualità di immagini più dettagliata in tempi inferiori e un maggiore comfort, perché diminuisce il senso di claustrofobia del paziente. La differenza di radiazioni emesse da una Tac con più di dieci anni di vita e una di ultima generazione arriva fino all'80 percento, l'esame si svolge più rapidamente grazie alla maggiore velocità di rotazione del tomografo, e la diagnosi è anche più approfondita per via della capacità del macchinario di visualizzare meglio il cuore tra un battito e l'altro, come pulsa il cervello (neuroperfusione), e di individuare con estremo dettaglio le lesioni oncologiche. I nuovi acceleratori lineari per la radioterapia, infine, irradiano la parte malata con radiazioni ionizzanti – analoghe a quelle utilizzate per la diagnostica, ma più potenti – in modo molto più preciso, preservando maggiormente i tessuti sani. Inoltre, permettono di utilizzare le nuove tecniche di radioterapia a intensità modulata, il che consente sia di esporre il paziente a una minore dose di raggi, sia di ridurre i tempi di trattamento nelle singole sedute. Ecco perché il ministero della Salute, insieme agli ingegneri clinici, monitora con regolarità l'obsolescenza dei macchinari attraverso il suo sistema informativo.

E allora qual è lo stato dei fatti? Lo vediamo con i dati, ancora inediti, elaborati da Agenas sulla situazione al 31 dicembre 2023.

In totale, le grandi apparecchiature oggi presenti negli ospedali pubblici, privati accreditati e privati puri sono 8225. Entrando nel dettaglio, il pubblico ne possiede 4196, di cui il 40 percento supera il decennio. Il privato accreditato ne conta 3576, di cui il 38 percento sopra i dieci anni, mentre nel privato puro, su 453 macchinari, la percentuale troppo vecchia scende al 21 percento.

I dati complessivi dimostrano che un'apparecchiatura su tre è obsoleta, che gli ospedali e gli ambulatori, sia pubblici sia privati accreditati, di norma hanno percentuali praticamente identiche di macchinari oltre i limiti di età. Ma, come spesso accade, contano le differenze regionali: in Emilia-Romagna, Liguria, Lazio, Abruzzo e Campania, sono migliori le apparecchiature nelle strutture pubbliche; in Valle d'Aosta e Molise, al contrario, sono più nuove le apparecchiature del privato accreditato, mentre il 100 percento di quelle pubbliche risulta obsoleto.

L'età dei mammografi

Analizziamo ora la situazione sullo stato dei mammografi. Il report *I numeri del cancro in Italia 2023* conferma che il carcinoma mammario è il tumore femminile più frequente, dal momento che rappresenta il 30 percento dei tumori sviluppati dalle donne. La stima è di oltre 55.000 nuovi casi l'anno: una donna su dieci, nel corso della sua vita, avrà un problema oncologico al seno.

È risaputo che, a segnare il confine tra una possibile e rapida guarigione e un calvario, è proprio la diagnosi precoce. La prevenzione, al momento, resta dunque la cura migliore. I programmi di screening mediante esame mammografico, avviati oltre trent'anni fa, salvano la vita a moltissime donne e rappresentano un'efficace forma di prevenzione secondaria, con una riduzione del 35 percento del rischio di morte. Le visite regolari, quindi, devono essere considerate dalle donne un dovere verso sé stesse. L'utilizzo di apparecchiature non obsolete è, invece, un obbligo delle strutture sanitarie.

In fase iniziale, il tumore al seno misura meno di due centimetri e lo strumento in grado di individuarlo è il mammografo. Quello digitale di ultima generazione, come abbiamo detto, garantisce una migliore capacità diagnostica e un'esposizione minore alle radiazioni.

Già nel 2002 un rapporto del ministero della Salute, frutto del lavoro biennale di una commissione formata da esperti dell'Associazione italiana di medicina nucleare e radiologia medica, era arrivato a questa conclusione: «L'obsolescenza delle attrezzature disponibili è un elemento preoccupante. Si tratta di apparecchiature il cui utilizzo, oltre a comportare un'indebita esposizione a quantità oggi non accettabili di radiazioni ionizzanti, rischia di aumentare notevolmente, per la ridotta capacità diagnostica, il numero di false negatività e soprattutto di ritardare il momento diagnostico con implicazioni negative per le pazienti, e con rilevanti costi successivi per il Servizio sanitario nazionale». In altre parole, se la diagnosi, e di conseguenza l'intervento, arrivano in ritardo, diventano più lunghe e invasive le cure, aumenta la spesa sanitaria, e aumenta la probabilità di esito finale negativo. È dunque lo stesso ministero della Salute a spingere per la sostituzione di questi macchinari.

Eppure, nel 2023, su oltre 1,6 milioni di mammografie eseguite con 2074 mammografi, il 29 percento continua ad avere più di dieci anni, senza significative differenze, a livello generale, tra ospedali e ambulatori pubblici e privati accreditati. Vediamo caso per caso.

Nel Lazio, su 314 mammografi, 105 sono nelle strutture pubbliche, 161 nel privato accreditato e 48 nel privato puro. Il privato accreditato, quindi, ha più macchinari, ma sono anche i più vecchi: il 35 percento, contro il 14 percento del pubblico, e il 29 del privato puro.

Guardiamo ora dentro ai grandi ospedali romani. Le aziende ospedaliere pubbliche Umberto I, San Camillo Forlanini, Sant'Andrea e Tor Vergata sono tutte dotate di due mammografi, di cui solo uno, a Tor Vergata, con più di dieci anni. Il San Giovanni invece ne ha tre, di cui nessuno vecchio. Il Gemelli, che è uno degli ospedali privati convenzionati più grande d'Europa, ne ha quattro, di cui uno obsoleto. Gli Istituti fisioterapici ospitalieri (Ifo), infine, ne hanno tre, di cui uno troppo vecchio.

In Lombardia, vediamo la situazione nei centri di riferimento per la cura del tumore al seno di Milano, dove ogni anno vanno a curarsi pazienti da tutta Italia. All'Istituto nazionale dei tumori, ospedale pubblico, i mammografi sono due, di cui uno con più di dieci anni. Passando ai privati accreditati, invece, l'Istituto europeo di oncologia (Ieo) può contare su cinque macchinari, di cui uno troppo vecchio, mentre l'Humanitas di Rozzano ne ha sette, ma quattro obsoleti. Da segnalare come caso virtuoso milanese, invece, l'ospedale pubblico Policlinico, dotato di tre mammografi, tutti di ultima generazione.

In Veneto, l'ospedale di Treviso ha cinque mammografi, mentre l'Azienda ospedaliera universitaria integrata di Verona tre: entrambi contano un mammografo troppo in là con gli anni. L'Istituto oncologico veneto di Padova ne possiede tre, tutti recenti. Sono tutti e tre ospedali pubblici.

Spostiamoci al Sud. La Campania ha una concentrazione di mammografi nel privato accreditato (145 su 225), di cui il 41 percento con più di dieci anni, contro il 13 percento del pubblico. In Molise, invece, su quattordici mammografi solo uno è abbastanza recente.

Vale la pena notare, a questo punto, che il ministero della Salute rimborsa ai centri pubblici o convenzionati circa 35 euro per ogni mammografia, a prescindere dall'età dello strumento utilizzato. È come mettere un limite di velocità senza applicare sanzioni a chi lo supera. L'unica cosa che possono fare le pazienti, dunque, è informarsi prima di sottoporsi all'esame sul tipo di mammografo utilizzato, e scegliere di conseguenza dove recarsi a fare l'esame. Nelle regioni dove l'alternativa c'è, perché le donne venete, per esempio, hanno possibilità di scelta molto diverse rispetto alle donne molisane.

Risonanze magnetiche e Tac

Andiamo avanti con le risonanze magnetiche. Sappiamo che una macchina a 3 tesla assicura una migliore qualità di immagini di una a 0,5 tesla, e in tempi inferiori. In Italia si svolgono oltre 4,6 milioni di questi esami ogni anno attraverso l'utilizzo di 1937 macchinari. Anche qui il 44,35 percento supera i dieci anni. Distinguendo tra strutture pubbliche e quelle private accreditate, in entrambi i casi la metà delle apparecchiature è vecchia.

In particolare, le Regioni che avrebbero il dovere assoluto di acquistarne di nuovi sono il Molise e la Valle d'Aosta, perché risulta che non ne possiedono nemmeno uno abbastanza recente. La percentuale di macchinari obsoleti è preoccupante anche in Sicilia (73 percento), Trento (67 percento), Toscana (66 percento), Liguria (64 percento), Sardegna (62 percento), Umbria (58 percento), Basilicata (56 percento) e Piemonte (53 percento).

Veniamo alle Tac. Oggi i cinque milioni di esami annui sono effettuati con strumenti obsoleti nel 36 percento dei casi, senza grandi differenze tra le strutture pubbliche e quelle private accreditate. Ancora una volta, negli ospedali pubblici del Molise, sette macchinari su sette sono vecchi, nel privato cinque su nove. In Lazio, vince il pubblico: solo il 21 percento delle ventidue Tac è obsoleto, contro il 38 percento dei trentanove nel privato accreditato. In Liguria, la percentuale di macchine vecchie è del 24 percento nel pubblico e del 47 percento nel privato accreditato. Invece, in Friuli, un macchinario su due ha più di dieci anni, sia nel pubblico sia nel privato accreditato.

Attenzione alla radioterapia

Vediamo infine lo stato dei macchinari con cui sono effettuati i sei milioni di sedute di radioterapia annui. Su 393 acceleratori lineari presenti nelle strutture pubbliche e private accreditate, il 46 percento è fuori limite d'età. Vuol dire che irradiano la parte malata con meno precisione. La differenza tra pubblico e privato accreditato è che il primo ha in dotazione il 43 per cento di acceleratori lineari obsoleto, mentre il secondo il 53 percento.

In Lombardia, trenta acceleratori su settantadue sono nel privato accreditato, dove però la percentuale di macchine vecchie raggiunge il 73 percento, contro il 40 percento del pubblico. L'Istituto nazionale dei tumori (pubblico) ne conta cinque, di cui tre con più di dieci anni. Tra i privati, la prestigiosa Humanitas ne utilizza cinque buoni e tre obsoleti, mentre l'Istituto europeo di oncologia quattro, di cui uno sopra i limiti di età.

Nel Lazio, gli acceleratori lineari sono invece quarantanove e quelli con più di dieci anni sono il 19 percento nel pubblico, contro il 32 percento nel privato accreditato. Gli ospedali Gemelli, Tor Vergata, Sant'Andrea, Umberto I li hanno tutti sotto i dieci anni; San Camillo e San Giovanni ne hanno a disposizione due buoni e uno vecchio; gli Istituti fisioterapici ospitalieri tre, di cui due vecchi.

In Emilia-Romagna, tra le aziende ospedaliere universitarie la migliore è il Policlinico di Sant'Orsola a Bologna, con un solo acceleratore obsoleto su quattro. Quella di Parma ne conta uno vecchio su tre, l'ospedale di Modena due su tre, e quello di Ferrara uno su due.

In Toscana, l'Azienda ospedaliero-universitaria Careggi di Firenze ne ha cinque, di cui uno vecchio, quelle di Siena e Pisa uno solo, e obsoleto.

In Sicilia e Sardegna, quasi l'80 percento degli acceleratori lineari è obsoleto. In Campania, tutti e dodici i macchinari del pubblico sono sotto i dieci anni, al contrario del privato dove undici su diciannove sono vecchi.

E ora che si fa?

I dati sopra riportati, che pubblichiamo in anteprima, sono i più recenti disponibili. Li abbiamo raccolti per sollecitare la presa di coscienza dei cittadini, affinché si informino sempre sulla qualità dei macchinari utilizzati nella prevenzione o cura delle loro malattie. Chi pensa che facendo un esame a pagamento venga utilizzato un macchinario di ultima generazione si sbaglia. Sia nelle strutture pubbliche sia in quelle private accreditate, la diagnostica viene fatta con lo strumento disponibile in quel momento.

Va detto che un miglioramento è in corso. Per quanto riguarda gli ospedali e gli ambulatori pubblici, il rinnovo delle apparecchiature è iniziato grazie ai fondi del Piano nazionale di ripresa e resilienza. Il finanziamento a disposizione è di 1,2 miliardi e l'obiettivo è quello di sostituire complessivamente 3100 grandi apparecchiature entro il 2026. Al primo quadrimestre del 2024, il ricambio del parco macchine è stato di circa trecento macchinari (inclusi nei numeri sopra riportati).

Nel privato accreditato, che deve metterci soldi suoi, le grandi apparecchiature sostituite nello stesso arco di tempo sono state solo 164.

L'Associazione italiana degli ingegneri clinici fa presente che le campagne di sostituzione massiva, ma circoscritte nel tempo come è quella legata al Pnrr, sono fondamentali e di certo hanno un effetto positivo. Tuttavia, vista la rapida evoluzione delle tecnologie, rischiano di mettere una pezza a un problema che è destinato a riemergere nell'arco di pochi anni. Quello che sarebbe necessario, dunque, è che a queste campagne si affiancasse un'analisi accurata volta a circoscrivere le situazioni dove la presenza di macchinari di alta gamma è imprescindibile. Mammografi e acceleratori lineari in primis.

Per compiere questa valutazione, bisogna partire dall'analisi dell'attività di ciascun ospedale, così come della capacità degli operatori sanitari di utilizzare i macchinari più all'avanguardia: il top di gamma di una tecnologia non dev'essere presente per forza ovunque, l'importante è che lo sia in reparti strategici. Altrimenti, sarebbe come sostituire un'utilitaria con una fuoriserie indipendentemente dall'utilizzo che se ne deve fare.

La spesa media per un macchinario da Tac è di 500.000 euro, per uno da risonanza fino a 900.000, per un mammografo fino a 300.000. Visti gli alti costi, è irrealistico pensare di installare macchinari di ultima generazione negli ospedali che li utilizzerebbero, se va bene, una volta alla settimana. È importante allora sviluppare un piano strategico per stabilire quali grandi apparecchiature comprare, a che prezzo e dove installarle. Oltre a predisporre la formazione dei medici e degli operatori, che devono imparare a utilizzare attrezzature molto sofisticate dal punto di vista tecnologico.

Infine, c'è la questione dei rimborsi: una risonanza magnetica eseguita con un apparecchio obsoleto è rimborsata dal Servizio sanitario nazionale circa 200 euro, esattamente come quella fatta con una macchina di ultima generazione. Questo vale tanto per il privato accreditato quanto per il pubblico. Eppure, non sarebbe complicato incentivare l'adozione di tecnologie più avanzate. Per esempio, la Francia rimborsa cifre inferiori agli ambulatori e ospedali che utilizzano macchinari di bassa gamma.

Insomma, senza una visione complessiva di tutti gli ingranaggi che nel corso degli anni hanno ingrippato quello che era il miglior sistema sanitario al mondo, è impossibile rimetterlo in bolla. Purtroppo la lobby dei pazienti non esiste, non sono nemmeno una categoria che possa organizzare scioperi per fare pressioni. Intanto il tempo passa, i cittadini invecchiano e davanti c'è solo un muro di impotenza.

Vecchi e abbandonati

Gli anziani dentro le case di riposo sono nient'altro che numeri, noi operatori socio-sanitari siamo gli «spalamerda». Così ci chiamano. Per fare il nostro lavoro non serve una laurea, per avere il titolo di assistente sanitario basta un corso di formazione di 1200 ore, a cui se ne aggiungono altrettante per diventare operatore socio-sanitario. Eppure, per gestire correttamente un anziano ci vogliono una sensibilità e una competenza che si affinano nel tempo. Lavoriamo su tre turni giornalieri per cinque giorni la settimana, con una domenica di riposo al mese. Non c'è Natale né Pasqua, per uno stipendio che, con gli ultimi contratti, arriva al massimo a 1200 euro. Avete presente la catena di montaggio? Hai dieci minuti per svegliare l'ospite, lavarlo, asciugarlo, vestirlo e portarlo a fare colazione. Anche per loro, come per tutti, ogni risveglio è diverso, c'è la voglia di parlare, le piaghe fanno male... ma non c'è tempo per nulla. Ad alcuni tremano le mani, eppure con il nostro aiuto riuscirebbero a lavarsi e a mangiare da soli. Si sentirebbero gratificati, ma come si fa? Dieci minuti passano in fretta, e ci sono tutti gli altri da spogliare, lavare... così li imbocchi tu, fai prima e buonanotte. Negli ultimi anni il personale che viene inserito nel mondo dell'assistenza è esclusivamente straniero e spesso fatica a parlare e scrivere l'italiano, mentre la maggior parte degli anziani, soprattutto nei piccoli paesi, parla il dialetto. Oltre ad andare sempre di corsa, non ti capisci nemmeno più. Le case di risposo non hanno considerazione per gli aspetti umani di questo lavoro, parte del tempo è occupato a compilare cartelle informatiche inutili, ma imposte dalla Regione per evitare i controlli. A volte mi metto nei panni di questi anziani che, dopo aver lavorato tutta una vita, sono stati costretti a staccarsi dagli affetti più cari perché hanno perso l'autonomia fisica e mentale e, a quel punto, si sono ritrovati nelle mani di persone che non conoscono e che hanno solo fretta. Tutti fingono di non vedere il problema, come se non li riguardasse. Ma la vecchiaia arriva per tutti.

7

Dimentico

Considerata l'alternativa, invecchiare è sempre l'opzione migliore, anche quando la salute non ti assiste troppo. Perché qualcuno, pietosamente, si occuperà di te. «Non ricordo più chi sono. (...) C'è una donna che mi dice: "Riposati, papà". Capisco che mi ama e non so come si chiama. Io lo so che sono stato un essere pensante. Un padre e un amante. Marito, figlio e confidente. So che ho vissuto la mia storia. Tra immagini che non ricordo più. Dimentico, dimentico chi sono stato prima. Ricordo e poi dimentico...» Le parole della canzone *Dimentico* di Enrico Ruggeri raccontano lo strazio del malato di Alzheimer. Un'infermità che colpisce sempre di più gli anziani, che non possono essere curati a casa. Le famiglie non bastano, serve una rete di protezione sociale più ampia e in grado di non ipotecare del tutto la vita dei figli o parenti, già sbaragliata dalla malattia dei propri cari.

Il video che accompagna il brano *Dimentico* è girato tra

le vie de «Il Paese Ritrovato», un progetto innovativo e virtuoso, dedicato proprio alla cura e all'assistenza dei malati di Alzheimer e di demenza senile. Un vero e proprio borgo, il primo in Italia, inaugurato nel 2018 alle porte di Monza, dove abitano sessantaquattro persone con demenza in fase lieve o moderata: vivono in appartamenti protetti ma possono muoversi in modo autonomo nella piazza, al caffè, nei negozi e al cinema, in chiesa, così da condurre una vita il più possibile normale, compatibilmente con la malattia.

Sarebbe un modello da replicare in altri comuni del nostro Paese perché garantisce le cure essenziali a chi ne ha più bisogno e prova a mantenere le persone non più autosufficienti in una condizione di dignità. Invece, a sei anni dalla sua apertura, «Il Paese Ritrovato» riceve un finanziamento pubblico giornaliero ben inferiore a quanto sarebbe necessario, il resto viene coperto con le donazioni. «Il giusto riconoscimento economico permetterebbe al progetto di uscire dalla fase di sperimentazione» ci racconta il direttore generale Fulvio Sanvito «e consentirebbe ad altre realtà di replicarlo, in modo che più famiglie possano usufruire di un'assistenza simile.»

Eccolo, in buona sostanza, il problema che rende la vita impossibile a troppe famiglie italiane. Quando le condizioni di salute e il livello di assistenza richiesto da una persona anziana non sono più gestibili a domicilio, il ricorso a una struttura specializzata, l'Rsa (Residenza sanitaria assistenziale), diventa una necessità ineludibile. Lo sappiamo bene: decidere di trasferire un proprio familiare non autosufficiente in una casa di riposo può essere molto doloroso. In questi casi, si dovrebbe quantomeno poter contare su tempi di attesa ragionevoli e su strutture in grado di garantire un supporto adeguato a costi sostenibili. Sono requisiti minimi che dovrebbe offrire un Paese civile. Purtroppo, a oggi, in Italia siamo ben lontani.

La famiglia-Welfare, quella con più generazioni riunite sotto lo stesso tetto e dove i più giovani si prendevano cura dei parenti più anziani, è estinta da tempo. Nel frattempo siamo diventati il Paese più anziano d'Europa e quello dove si vive più a lungo. Già oggi, dei 4,5 milioni di ottantenni, la metà supera gli 84 anni. Al contempo, siamo anche il Paese che fa meno figli. In base alle proiezioni demografiche, nel 2050 il numero di ultraottantenni raddoppierà, raggiungendo i 7,9 milioni. Chi se ne prenderà cura?

Negli anni Sessanta, l'epoca del baby boom, ogni anno si registravano 900.000 nuove nascite. Nel prossimo futuro, i figli e i nipoti che potranno assistere i loro familiari saranno decisamente di meno. Tra il 1990 e il 2000, l'Italia ha registrato infatti solo 550.000 nuovi nati all'anno. Nel 2020, il numero è crollato a 400.000. Quella che ci si prospetta è l'immagine drammatica di un esercito di solitudini. Il VI Rapporto dell'Osservatorio Long Term Care del Cergas-Bocconi stima che tra gli over sessantacinque già nel 2030 vivranno soli un uomo su tre, e una donna su cinque. I dati, insomma, parlano chiaro, ma si fa finta di non capire. Anche la cura degli anziani diventa sempre più un affare privato: in Italia 3,9 milioni di persone anziane vivono in condizioni di non autosufficienza. Di queste, ben 2,8 milioni non ricevono alcun supporto pubblico in aiuto all'assistenza che forniscono le famiglie, quando presenti.

L'emergenza è emersa in tutta la sua gravità durante il Covid, quando le case di riposo si sono trasformate in cimiteri. L'allora ministro della Salute Roberto Speranza, in piena crisi pandemica, ha ammesso: «L'epidemia ha scoperchiato il problema nascosto di una fascia di popolazione, la terza età, abbandonata a sé stessa». La situazione, dunque, è nota e non più sommersa. Ma quali provvedimenti concreti sono stati adottati? Se andiamo a vedere, ben pochi.

L'8 settembre 2020 il ministro Speranza nomina monsignor Vincenzo Paglia, gran cancelliere del Pontificio Istituto Teologico per le Scienze del Matrimonio e della Famiglia, alla guida di una Commissione incaricata di pianificare la trasformazione delle Rsa. Della squadra fanno parte epidemiologi, geriatri, professori, registi, poeti, scrittori. Primo errore: sbagliare il gruppo di studio che deve elaborare una strategia operativa. Infatti, il risultato è un lavoro pieno di importanti suggestioni sugli scenari futuri, però senza un piano operativo di ricostruzione del settore rivolto alla cura dei non autosufficienti. Materiale buono per scriverci un libro, ma fare un programma di intervento tecnico di gestione sanitaria e assistenziale è un'altra cosa. Ed è questo che serve, non proclami o lezioni.

Sono passati quattro anni e l'interesse politico sul tema è tornato a essere così basso che non esiste ancora una mappatura completa a livello nazionale della situazione reale dell'assistenza agli anziani nelle case di riposo. Mancano dati aggiornati, coerenti e solidi: non è neppure possibile stabilire con certezza di quante strutture disponiamo. Si naviga a vista.

Antonio Sebastiano, direttore dell'Osservatorio sulle Rsa della Liuc (Università Carlo Cattaneo) Business School, afferma con desolazione: «Nonostante durante la pandemia i riflettori siano stati puntati in maniera quasi ossessiva su questo settore, le Rsa in Italia continuano a essere un universo difficile da penetrare. La stessa denominazione formale di queste strutture non è univoca all'interno dei vari servizi sanitari regionali, al punto che a diciture diverse può corrispondere la stessa tipologia di servizio (Rsa in Piemonte e Lombardia, Centri di servizio in Veneto, Cra, che sta per Casa residenza anziani non autosufficienti, in Emilia-Romagna...) e viceversa, il che rende impossibile un censimento puntuale».

Sulla base delle statistiche del ministero della Salute relative all'anno 2022, le strutture rivolte agli anziani con bisogni sanitari sono 3646, mentre secondo l'Istat nel 2021 i presidi residenziali a valenza socio-sanitaria (che comprendono anche l'assistenza a disabili, persone con problemi psichiatrici e minorenni) sono 8937, con il 75 percento dei posti letto destinato agli anziani. Dunque, quali sono i numeri reali? Con l'aiuto di Sebastiano e del collega Roberto Pigni, abbiamo incrociato i dati Istat, quelli del ministero della Salute pubblicati nell'Annuario statistico e quelli dell'Ocse, contenuti nel Rapporto Health at a Glance 2023, per provare a tracciare un quadro il più possibile realistico. Il risultato è che oggi in Italia ci sono complessivamente 307.000 posti letto, di cui il 30 percento con la retta totalmente a carico delle famiglie. E solo poco più di 212.000 beneficiano del contributo delle Regioni, che dovrebbe coprire il 50 percento del costo giornaliero, lasciando alle famiglie il pagamento dell'altra metà.

Facendo il confronto con gli altri Paesi Ocse, nel 2021 l'Italia conta 21,8 posti letto ogni mille anziani, contro una media di 45,6. Dopo di noi ci sono solo Romania, Lettonia, Polonia, Turchia e Grecia. Il dato nazionale è peraltro frutto di una media che risente di enormi differenze geografiche: ventotto posti ogni mille anziani nel Nord-Ovest, e trentuno nel Nord-Est. Se ci spostiamo al Sud, i posti letto diventano sei ogni mille anziani. Se volessimo allinearci alla media Ocse, già nel 2025 dovremmo avere oltre 660.000 posti disponibili, cioè più del doppio di quelli che effettivamente abbiamo: obiettivo irraggiungibile, purtroppo.

Innanzitutto perché ogni Regione va per conto suo, e pertanto non è semplice ricostruire un quadro complessivo dei punti di caduta del sistema. In Lombardia è possibile scegliere la struttura in totale autonomia, in Veneto si deve essere autorizzati dall'Asl, in Emilia-Romagna si può esprimere una preferenza, ma se il posto non c'è bisogna accontentarsi dell'assegnazione delle Asl. Come abbiamo detto, la regola generale è che il finanziamento pubblico della Regione dovrebbe coprire la metà della retta mensile, che dipende dal grado di autosufficienza dell'anziano, mentre l'altra metà resta a carico dell'ospite. Nella realtà, sulle spalle delle famiglie pesa ben più del 50 percento delle rette, un dato che è oltretutto in crescita costante.

«Volete sapere come funziona?» scrive un familiare esausto. «Neanche ti chiamano! Ti comunicano che la tariffa aumenta con una lettera. Se ti va bene è così, altrimenti devi trovare un'altra soluzione.» Le voci di spesa variano a livello regionale, così, se la media nazionale sta intorno ai 50 euro al giorno a carico dell'ospite, a Milano nelle strutture profit la retta da pagare può arrivare fino a 107,50 euro, perché in Lombardia anche le spese sanitarie (farmaci, presidi, personale medico e riabilitativo) sono a carico dell'ospite. In Piemonte, Veneto, Emilia-Romagna, invece, a questo tipo di spese ci pensa la Regione. In alcuni casi sono coperte integralmente, in altri almeno in parte, alleggerendo un po' lo sforzo dei familiari. Resta il fatto che il costo può mandare in rosso i bilanci di una famiglia, soprattutto nei casi in cui l'ospite deve farsi carico dell'intera retta perché non trova posto nelle Rsa convenzionate. E l'intera retta supera i 3000 euro al mese.

«Quanto è equo il sistema di residenzialità per anziani nel nostro Paese?» si domandano Alessandro Furnari, Simone Manfredi ed Eleonora Perobelli della Scuola di direzione aziendale dell'Università Bocconi, che hanno analizzato le diverse tariffe delle case di riposo. «Dietro a cifre così diverse ci sono servizi a intensità e caratteristiche diverse.» Ciò significa che, a seconda della regione e della casa di riposo dove un anziano si trova, quest'ultimo può essere curato meglio o peggio. Ma come possono sentirsi un figlio o una figlia che devono ricoverare un genitore in una Rsa sapendo che non sai quale ti capita? E magari è pure lontana dal luogo di residenza?

Questa situazione si deve al fatto che in Italia mancano ancora regole chiare e requisiti uniformi su che tipo di intensità assistenziale e competenze professionali debba essere garantito in base alla specificità dei bisogni del cittadino non autosufficiente, oppure parzialmente autosufficiente. Il risultato è che, nella provincia di Trento, un anziano che fa fatica ad alzarsi dal letto, che deve essere imboccato e che necessita di terapie mirate ha un infermiere che lo assiste per 62 minuti al giorno, in Piemonte e Lazio arriviamo a 45-46 minuti, in Toscana, Liguria, Emilia-Romagna, Veneto e Sardegna, ci fermiamo a 25 minuti. Ovunque il problema del personale sanitario che cura gli anziani è drammatico: sottodimensionato, difficile da trovare e con un elevato turnover, il che evidenzia oltretutto il notevole grado di insoddisfazione degli stessi operatori. Questi ultimi, infatti, per quanto possano essere motivati e professionali, più che offrire agli anziani quello di cui avrebbero davvero bisogno nella fase finale della loro vita, si ritrovano di fatto a lavorare a cottimo, sempre con l'orologio in mano e in un sistema nel quale i pazienti non sono che numeri.

Il business sui vecchi

Il Paese più anziano d'Europa conta dunque troppo pochi posti disponibili, molti con rette stellari in buona parte a carico delle famiglie e un'assistenza sanitaria che varia enormemente per parametri e qualità da regione a regione. A questo aggiungiamo che – secondo i dati Istat 2021 – solo nel 19 percento dei casi i presidi residenziali socio-assistenziali e socio-sanitari presentano una gestione pubblica, mentre i privati non profit (cooperative, fondazioni, enti religiosi, eccetera) sono il 57 percento, e le società private profit il 24 percento.

L'inadeguatezza delle risorse pubbliche investite nel settore evidenzia anche significativi problemi per la sostenibilità economico-finanziaria degli enti gestori. Lo dimostra la più recente analisi dei bilanci condotta dall'Osservatorio della Liuc Business School, aggiornata al 31 dicembre 2022 e pubblicata nel maggio 2024. Lo studio coinvolge un campione di 501 Rsa della Lombardia e del Veneto, per un totale di quasi 52.000 posti letto, rappresentativi di oltre la metà dei posti di tutta la Lombardia e di circa un terzo di quelli della Regione Veneto. Dall'indagine sono esclusi i grandi gruppi, perché presentano caratteristiche molto differenti dal resto del campione. Considerando la sola capacità di mantenere in equilibrio i bilanci relativi ai servizi cosiddetti *core* (vale a dire quelli offerti attraverso le Rsa, i centri diurni o i servizi domiciliari), il privato profit è in perdita «solo» nel 35 percento dei casi, il privato non profit (la quasi totalità a gestione religiosa o di cooperative) nel 59 percento, e il pubblico addirittura nel 68 percento. Sono tutti dati decisamente peggiori rispetto a quelli del 2021, su cui pesano in primo luogo la crisi energetica e il generale aumento dell'inflazione. Il pubblico è in maggiore sofferenza perché, al contrario del privato convenzionato, paga un po' meglio il personale e la disponibilità di posti solventi è minore.

Anche alla luce di questa tendenza, che si sta cristallizzando anno dopo anno, le aspettative riguardo all'attuazione della legge delega sull'assistenza agli anziani che avrebbe dovuto concretamente realizzare il governo Meloni erano molto alte. Sono state numerose le proposte presentate dal Patto per un nuovo Welfare sulla non autosufficienza – che raggruppa oltre sessanta associazioni di familiari, tra cui Caritas, il Forum Diseguaglianze Diversità e Cittadinanzattiva – al fine di superare, almeno in parte, le enormi differenze regionali. Ebbene, per quel che riguarda la riforma dei servizi residenziali nel decreto attuativo non compare alcuna indicazione di sostanza, ma si rimanda a un ulteriore e successivo decreto. Allo stesso modo, è stata ignorata la proposta dell'Osservatorio della Liuc di introdurre tra le prestazioni che il Servizio sanitario nazionale è tenuto a fornire a tutti i cittadini «l'alta intensità di lungoassistenza». In pratica, si chiedeva di prevedere per quegli ospiti delle Rsa con patologie gravi (che sono la maggior parte) una compartecipazione pubblica al 70 percento e solo al 30 percento a carico dell'utente.

Con una gestione pubblica dell'assistenza agli anziani in via di dismissione e sempre più in perdita, il privato si trova davanti a una strada senza ostacoli ed estremamente redditizia. Con il collega del «Corriere della Sera» Mario Gerevini, siamo in grado di vedere la grande espansione delle società private profit a contratto con il Servizio sanitario e gli utili che generano. Nel 2023 Korian-Segesta, controllata dalla francese Clariane (principale azionista Crédit Agricole), registra in Italia un fatturato di 609,4 milioni, con un utile lordo di 129 milioni. Kos, controllato dai fratelli De Benedetti, dichiara per il 2023 un fatturato di 751 milioni e un utile di dodici milioni. Il San Raffaele, della famiglia Angelucci, nel 2022 fattura 138 milioni con venti milioni di utili. Sereni Orizzonti di Massimo Blasoni chiude lo stesso anno con un fatturato di 134 milioni e un utile di tre milioni. Il Gruppo Gheron, controllato al 90 percento dagli imprenditori Massimo e Sergio Bariani, ha un bilancio 2022 di 103 milioni e 0,8 milioni di perdita. Alcuni di questi grandi gruppi gestiscono case di riposo anche all'estero, offrono attività diagnostiche e riabilitative e riservano stanze per ospiti totalmente «solventi». In pratica, per il business privato quello dell'assistenza agli anziani è un vero Eldorado. Dal momento che le Rsa medio-piccole faticano a stare in piedi, quello delle case di riposo diventa terreno di conquista da parte dei grandi gruppi, certamente dotati di maggiori capacità manageriali, ma tarati su standard di assistenza per ciascun ospite di norma inferiori alla media. Si guadagna di più se si cura di meno. Per gli imprenditori è un affare in forte crescita, per le famiglie un colpo letale, che può prosciugare i risparmi di una vita, sempre che ce ne siano. Questa è la fotografia di un Paese incapace di dare ai suoi cittadini cure adeguate nella fase più complicata e fragile della loro vita.

Ma quali dovrebbero essere, quindi, i nodi da affrontare subito per garantire alla popolazione anziana sempre più numerosa un'assistenza degna di questo nome? Gli enti competenti, dopo tutti gli studi commissionati, dovrebbero saperlo molto bene: prima di tutto un aumento dei posti letto per i casi più gravi di vulnerabilità; regole più severe di accreditamento, da far rispettare pena l'espulsione dal sistema; l'arruolamento di nuove figure professionali adeguatamente formate; una riqualificazione professionale degli operatori sanitari; una forma di finanziamento adeguato alla complessità dei casi ricoverati. In sostanza, serve una generale riorganizzazione dell'intero sistema e delle strutture. Però la volontà di agire è al punto zero. Altre urgenze e altri interessi vengono sempre prima.

Il caso Lombardia

Quelle che raccontiamo sono purtroppo cronache di ordinaria normalità. Lo sfogo di Massimo Riboldi, presidente del Consiglio di amministrazione della casa di riposo «Villaggio Amico», ci guida nel cuore del funzionamento delle Rsa della Lombardia. «Dal 23 febbraio 2020 al 23 febbraio 2024 abbiamo ricevuto da Regione Lombardia 690 comunicazioni. Una cosa da impazzire. Un esempio è la email del 1° agosto 2022 relativa all'adozione del Piano operativo pandemico. Ci veniva richiesta una "autodichiarazione" da fornire entro il 10 agosto con indicazione di un organigramma per l'emergenza, quando esistono già quelli aziendali. Poi, chiedevano di stabilire una "chiara catena di comando", perché evidentemente non sanno che un organigramma è la rappresentazione grafica della catena di comando. In compenso, non viene svolta un'adeguata analisi dei fabbisogni. Faccio un altro esempio: il 3 aprile 2024, il Tar Lombardia annulla la delibera della Giunta regionale con la quale vengono stanziati i soldi per la programmazione del 2022. In pratica, la sentenza dice: "Voi non avete fatto un'analisi di quante persone sono in attesa di un posto, ma continuate ad assegnare budget sempre alle stesse Rsa senza aprire il mercato ad altri operatori seguendo i requisiti di merito".»

Studiare il sistema lombardo è utile perché rappresenta un caso emblematico delle sfide legate all'invecchiamento della popolazione: questa Regione, infatti, è quella con il maggior numero di anziani, dal momento che conta quasi 1,2 milioni di cittadini oltre i settantacinque anni, che saliranno a 1,3 milioni entro il 2030.

Per capire cosa davvero non funziona e di chi sono le maggiori responsabilità, è necessario esaminare il modello organizzativo regionale. In Lombardia, le case di riposo si suddividono principalmente in due categorie: le strutture «a contratto», dove la Regione contribuisce al pagamento di parte della retta, e quelle «accreditate» (o «autorizzate»), nelle quali i costi sono interamente a carico dell'ospite. Entrambe le tipologie richiedono standard minimi di assistenza, come la garanzia che l'attività di medici, infermieri, operatori socio-sanitari, fisioterapisti ed educatori dedichi complessivamente 901 minuti settimanali (15 ore) a ogni ospite. Senza specificare, però, il tempo minimo che ciascuna di queste figure deve garantire. Questo significa che ci sono strutture che hanno un medico ogni quaranta ospiti e altre che ne prevedono uno per centoventi ospiti, ma tutte ricevono i medesimi contributi regionali pro-ospite.

La distinzione tra Rsa «a contratto» e «accreditate» è introdotta il 1° gennaio 2011 con l'obiettivo di aumentare l'offerta di posti letto senza incrementare la spesa pubblica regionale. Di fronte al bisogno crescente di posti letto, insomma, la Regione liberalizza il loro numero, senza però essere disposta a metterci un euro in più. È evidente che questo sistema di contenimento dei costi si abbatte sulle famiglie, già provate dal declino del potere d'acquisto degli stipendi, e costringe chi non riesce a fronteggiare la spesa a prolungare la gestione di situazioni già di per sé delicate e tristi.

Attualmente, nelle Rsa lombarde che beneficiano del contributo regionale di circa 50 euro al giorno per la quota sanitaria, variabile in base allo stato di necessità dell'ospite, sono disponibili circa 58.000 posti letto. Le famiglie, da parte loro, devono coprire la quota alberghiera, che oscilla in media tra i 67 e i 77 euro al giorno, arrivando, come già riportato, a picchi di 107,50 a Milano, per un costo mensile minimo di 2100 euro. Solo con la delibera regionale del 13 dicembre 2023, la Regione introduce il principio del contenimento delle rette, già applicato per esempio in Emilia-Romagna, limitando l'autonomia dei gestori nello stabilire le quote a carico degli ospiti. Di conseguenza, le Rsa con rette superiori del 2 percento rispetto alla media di quelle dello stesso territorio non possono incrementarle ulteriormente. Meglio tardi che mai.

Tuttavia, in generale, il fabbisogno stimato è di 7 posti letto ogni cento over settantacinque, a fronte di una disponibilità di 5,4. Tra il 2015 e il 2024, i posti letto complessivi sono aumentati di 5170 unità, mentre l'aumento della popolazione over settantacinque è stato di oltre 155.000 individui. La disponibilità effettiva di letti ogni cento anziani, quindi, non solo non si è mantenuta nel tempo, ma è addirittura diminuita.

Prendendo a riferimento i calcoli effettuati dall'Osservatorio sulle Rsa della Liuc a partire dalle statistiche della Federazione nazionale pensionati (Fnp) Cisl, è verosimile stimare che prima della pandemia di Covid-19 gli anziani in lista d'attesa fossero almeno 26.000; oggi, sono oltre 30.000. L'attesa media per ottenere un posto in una casa di riposo supera i due mesi e le condizioni degli anziani al momento dell'ingresso sono sempre più gravi, proprio per la tendenza diffusa a considerare il ricovero in struttura solo quando non è proprio più possibile gestire la situazione a casa. Il periodo di degenza medio è infatti di soli dodici mesi. Poi la vita si spegne.

Documenti riservati, che abbiamo incrociato con numerose testimonianze sul campo, dimostrano che Regione Lombardia non monitora le richieste effettive di posti letto. Non esiste un censimento accurato delle liste d'attesa, il che rende ovviamente inefficace qualsiasi programmazione. Lo attesta, per esempio, un documento giudiziario ufficiale fornito dalla stessa Regione a inizio 2023, che indica 103.860 utenti in attesa nel 2019.

Questo numero però include sovrapposizioni di nomi inseriti contemporaneamente nelle liste d'attesa di più strutture e addirittura persone decedute. Un fatto che la dice lunga sulla scarsa accuratezza e il disinteresse a risolvere il problema.

Lo stato delle liste d'attesa delle Rsa sembra destinato a non mutare nel prossimo futuro, visto che la principale preoccupazione della Regione resta quella di non far lievitare la spesa pubblica, che sfiora il miliardo di euro. Del resto, i conti si fanno con le risorse disponibili. Però non sta scritto da nessuna parte che prevedere un sistema di assegnazione dei posti letto che privilegi l'attribuzione del finanziamento pubblico ai casi più gravi porti allo sforamento del budget. Oggi i posti dove l'ospite può andare pagando metà della retta non prevedono alcuna distinzione tra chi ha più o meno bisogno. Inoltre, le case di riposo «a contratto» sono le stesse ormai da anni, con un giro d'affari assicurato di 2,5 miliardi di euro l'anno. Non esiste una valutazione del servizio offerto, e pertanto non ci sono vantaggi per chi opera bene e tantomeno penalizzazioni per chi opera male. Eppure, non ci sarebbe nessun aumento di spesa se chi offre servizi di scarsa qualità venisse espulso per accreditare al suo posto operatori più meritevoli.

E queste non sono considerazioni nostre. Già nel 2012, in un documento ufficiale si rileva: «Uno dei limiti principali è rappresentato dal criterio della spesa storica (i soldi sono destinati sempre alle stesse strutture, *nda*) e dalla mancanza di considerazione di altri fattori di valutazione, come la qualità delle prestazioni e i fabbisogni effettivi del territorio». La riforma regionale del 2015, che mira a correggere queste criticità, è tuttora chiusa in un cassetto. Tenta di intervenire anche il Ddl concorrenza del governo Draghi dell'agosto 2022, con il quale si stabilisce che la selezione delle strutture private che ricevono rimborsi pubblici sia «effettuata periodicamente tenuto conto della programmazione sanitaria regionale e sulla base di verifiche delle eventuali esigenze di razionalizzazione della rete in convenzionamento e, per i soggetti già titolari di accordi contrattuali, dell'attività svolta». L'individuazione delle strutture private da convenzionare dovrebbe avvenire, dunque, tramite procedure trasparenti, non discriminatorie e in base a criteri di selezione oggettivi che valorizzino la qualità delle prestazioni da erogare.

A inizio 2023, la rielezione alla presidenza regionale di Attilio Fontana assicura alla sua squadra altri cinque anni di lavoro. Si presenta dunque l'opportunità di sviluppare almeno un sistema più equo, che rispetti le necessità degli anziani e delle loro famiglie. Ma per ora, come sottolinea l'avvocato Luca Perfetti, in Lombardia «di fatto l'accesso ai rimborsi del sistema sanitario continua a essere chiuso ai nuovi operatori, non garantendo ai cittadini l'accesso a strutture più in linea con l'esigenza di erogare le prestazioni secondo i criteri di qualità e appropriatezza».

Quando i costi invece sono interamente a carico dell'ospite, con esborsi mensili che arrivano a 3600 euro, l'attesa è praticamente inesistente. Sul Rapporto annuale 2023 dell'Osservatorio Rsa della Fnp Cisl si legge: «I posti letto solventi sono 8388, cifra in continuo aumento nel quinquennio 2019-2023 (più 1286). Questo dato evidenzia il funzionamento del mercato delle Rsa in Lombardia: se i posti letto contrattualizzati non aumentano, crescono invece quelli a pagamento, portando verso l'alto anche i costi a carico delle famiglie».

Un'assistenza scaricata sulle famiglie

In Italia, lo ricordiamo, sono oltre 3,9 milioni gli anziani non in grado di fare niente da soli e che hanno bisogno di accompagnamento e assistenza costanti. Il 5 per cento della popolazione.

Proviamo a metterci nei loro panni: come possono ottenere il supporto a cui hanno diritto? Dal Centro di ricerche sulla gestione dell'assistenza sanitaria Cergas-Bocconi emerge questo dato: quasi quattro milioni di cittadini esprimono bisogni drammatici di cura che il Paese, nel suo insieme, non riesce a soddisfare: né sul piano economico, né su quello dei servizi, né del riconoscimento professionale necessario a evitare le dimissioni di coloro che se ne occupano. Vediamo perché.

La misura principale che dovrebbe coprire le necessità dei non autosufficienti è l'indennità di accompagnamento, che equivale a 530 euro al mese riconosciuti a 1,6 milioni di anziani, ed è spesso utilizzata per pagare chi li assiste in casa. Ovviamente non bastano. Il numero di badanti che se ne occupano a domicilio è di circa un milione, di cui il 60 percento lavora in nero. Ma una badante fissa in regola costa sui 1700 euro al mese più vitto e alloggio, e non basta aggiungere all'indennità la pensione minima di 600 euro al mese che tanti anziani incassano. Se poi l'anziano è affetto da demenza, e deve dunque essere monitorato ventiquattro ore su ventiquattro, riceve gli stessi soldi di chi ha bisogno di aiuto solo nelle attività di base della vita quotidiana.

Per ottenere il riconoscimento dell'indennità di accompagnamento nei casi in cui non si riesce a camminare, lavarsi, vestirsi o mangiare senza l'aiuto di un assistente, è necessario recarsi dal medico di famiglia per richiedere la certificazione dell'invalidità, la quale va inviata all'Inps per ottenere un codice identificativo. Con questo codice si deve effettuare la visita medica presso una Asl, per poi presentare online la domanda. Se, tuttavia, la persona ha comprensibilmente difficoltà a muoversi tra tutti questi passaggi, può rivolgersi a un patronato. A questo punto, il caso è esaminato da una commissione presieduta da un medico Inps. Una volta ricevuto il verbale di indennità civile dall'Istituto di previdenza, bisogna compilare il modulo AP70, che consente di ricevere dalla stessa Inps l'indennità di accompagnamento, che è sempre di 530 euro al mese, indipendentemente dal reddito e dal grado di invalidità. Non sono disponibili dati ufficiali sulle tempistiche di questo iter, ma dalle testimonianze si va dai cinque ai sei mesi.

Una persona non autosufficiente che poi ha bisogno di un infermiere dell'Asl a domicilio, oppure di presidi, ausili, protesi e pannoloni, deve rivolgersi nuovamente all'Asl, perché questo genere di servizi è finanziato dal Servizio sanitario nazionale. Ogni Regione, e perfino ogni Asl, è organizzata a suo modo: di norma, queste richieste passano da tre commissioni diverse, dove un geriatra, uno psicologo, un infermiere e un medico di famiglia decidono se il cittadino ha diritto o meno a ciò che richiede. Se quest'ultimo ha un reddito basso, se non ha nessun familiare in grado di occuparsi di lui, e se necessita di qualcuno che lo aiuti nelle attività quotidiane, può recarsi invece agli sportelli dei servizi sociali del Comune, dove un'altra commissione valuterà la possibilità di assegnargli il voucher per pagare il Servizio di assistenza domiciliare, offerto oggi a 131.000 non autosufficienti.

In definitiva, per beneficiare dell'indennità di accompagnamento dell'Inps, dell'assistenza domiciliare del Servizio sanitario nazionale e di servizi sociali del Comune, un cittadino non autosufficiente, solo o affiancato dai familiari, deve fare tre percorsi diversi, ognuno con i suoi tempi e criteri di accesso. Una via crucis umiliante per avere il sostegno a cui si avrebbe diritto. Il processo è così frammentato che nemmeno i ministeri competenti possiedono un quadro completo della situazione reale, né di quella relativa al tasso di copertura dei servizi, né per quanto concerne i costi. E una volta ottenuto, per esempio, l'infermiere a domicilio, di cui oggi beneficiano in 879.030, le ore a disposizione sono solo quindici l'anno – un numero tanto irrisorio da sembrare sbagliato – indipendentemente, di nuovo, dalla gravità della non autosufficienza.

Che cosa fa la politica

È dalla fine degli anni Novanta che l'Italia attende una riforma dell'assistenza agli anziani non autosufficienti. Nel resto d'Europa, l'Austria ne ha fatta una nel 1993, la Germania nel 1995, il Portogallo nel 1998, la Francia nel 2002, la Spagna nel 2006. Come si è detto, l'8 settembre 2020 un decreto del ministro della Salute Roberto Speranza ha istituito la Commissione per la riforma dell'assistenza della popolazione anziana, presieduta da monsignor Vincenzo Paglia. Però è solo su pressione del Patto per un nuovo Welfare sulla non autosufficienza coordinato da Cristiano Gori, che nel 2021 il governo Draghi destina all'assistenza degli anziani alcune risorse del Pnrr: 2,72 miliardi di euro da spendere entro il 2026 per assistere a casa con un infermiere altri 806.970 non autosufficienti. Sempre per quindici ore l'anno. I finanziamenti Ue sono scaglionati negli anni come pure il numero di assistiti, con il 52 percento dei costi coperti dai fondi del Pnrr e il resto dai circa cinquecento milioni annui aggiuntivi che lo Stato sta mettendo tramite il Fondo sanitario nazionale.

Da subito appare chiara la necessità di spendere i soldi del Pnrr all'interno di un sistema di assistenza totalmente rivisto. Con il Pnrr arriva dunque anche la promessa di realizzare un'apposita legge, da varare entro la primavera 2023. I suoi cardini saranno la semplificazione dei percorsi di accesso alle prestazioni, un rafforzamento dei servizi territoriali di domiciliarità e, quando la permanenza in un contesto familiare non è più possibile, la progressiva riqualificazione delle strutture residenziali. Vale a dire: più case di riposo, più assistenza a domicilio e meno burocrazia.

Una proposta su come tradurre nella pratica questi intenti e integrarli laddove necessario arriva attraverso la relazione di Francesco Longo e Gianmario Cinelli del Cergas-Bocconi, presentata nella primavera 2021 ai ministri della Salute e del Lavoro e delle Politiche sociali. Contiene le linee guida per una riforma complessiva del sistema. La base del progetto è l'istituzione di un servizio nazionale per gli anziani non autosufficienti, proprio come è avvenuto nel 1978 con l'istituzione del Servizio sanitario nazionale.

Il nuovo modello si dovrebbe basare sull'eliminazione dell'obbligo, per anziani e famiglie, di rivolgersi a Inps, Asl e Comuni separatamente, creando una commissione unica in grado di consentire l'accesso ai servizi di sostegno. In secondo luogo, va fornita un'assistenza adeguata alle reali condizioni di salute degli anziani: per esempio, sulla scia del modello tedesco introdotto nel 1995, dove un anziano con limitata autosufficienza che opta per un aiuto in denaro può ricevere 288 euro al mese, mentre un non autosufficiente che sceglie l'assistenza domiciliare e in strutture residenziali ha accesso a servizi per un valore di 1815 euro al mese. Infine, va affrontata la questione del milione di badanti in gran parte irregolari, spesso non adeguatamente formati e il cui ruolo di cura non è riconosciuto dallo Stato. In questo quadro, si discute anche dell'opportunità di destinare a tutti questi scopi il miliardo di euro di pensioni che l'Inps sta risparmiando annualmente a causa dei decessi dovuti al Covid. La riduzione della spesa pensionistica per il 2020 è stata infatti di 1,11 miliardi di euro e, proiettando questo risparmio sul decennio 2020-2029, sulla base delle aspettative di vita riportate dalle tavole di mortalità Istat 2019, si arriva a un totale di circa 11,9 miliardi di euro in pensioni che non saranno erogate nei prossimi dieci anni e che potrebbero essere utilizzati per rafforzare l'assistenza.

Il 26 maggio 2021 il ministero del Lavoro dà l'incarico di sviluppare una proposta risolutiva a un ulteriore gruppo denominato «Interventi sociali e politiche per la non autosufficienza», guidato da Livia Turco, ex ministra della

Salute ed esponente del Partito democratico. Il 1° settembre 2021, monsignor Paglia presenta al premier Draghi la *Carta dei Diritti degli Anziani e dei Doveri della Società*. Ancora, il 13 gennaio 2022, Palazzo Chigi istituisce una nuova commissione per le politiche in favore della popolazione anziana, guidata, di nuovo, da Paglia. Il 28 gennaio 2022, infine, la commissione diretta da Livia Turco presenta la bozza di un disegno di legge che interessa però solo l'area dei servizi sociali e non quelli sanitari, né l'indennità di accompagnamento. Per farla breve, in due anni e mezzo si succedono tre commissioni diverse, una indicata dal ministero della Salute, un'altra dal ministero del Lavoro e delle Politiche sociali e una terza dalla Presidenza del Consiglio. Risultati concreti: zero.

Solo il 23 marzo 2023, a ventisei anni dal primo tentativo di riforma e dopo diciassette proposte fallite, nonché a tre anni dal suo annuncio, il governo Meloni, a seguito delle pressioni del Patto per un nuovo Welfare sulla non autosufficienza, approva la tanto attesa riforma su proposta della viceministra delle Politiche sociali Maria Teresa Bellucci. La legge 33 prevede l'introduzione di una Valutazione nazionale unica pensata per semplificare l'accesso a tutte le prestazioni statali necessarie e coordinare i bisogni dei cittadini richiedenti. Inoltre, sancisce che sia dato maggior sostegno finanziario a chi ne ha più bisogno, oltre alla possibilità di scegliere tra l'indennità di accompagnamento e l'assunzione regolare di una persona badante, ottenendo, in questo secondo caso, una somma maggiore. Sembra una storia a lieto fine.

Il 25 gennaio 2024, il Consiglio dei ministri presenta il decreto attuativo necessario per trasformare la teoria in pratica: le promesse saltano. Quello che si realizzerà a partire dal 2026, e se tutto andrà bene, sarà la Valutazione nazionale unica, necessaria ad attivare anche i servizi locali, e che potrà essere eseguita da équipe presenti, per esempio, nelle Case della Comunità. Cioè, fine del pellegrinaggio verso tre commissioni diverse. I vantaggi, però, sembrano terminare qui. Non segue, infatti, nessuna riforma strutturale. Se la spesa pubblica tra indennità di accompagnamento, infermiere a domicilio e servizi sociali del Comune è di 11,16 miliardi, che diventano 15 sommando anche i costi delle case di riposo, il governo Meloni mette a disposizione un miliardo in più. Serviranno a dare qualche risorsa ulteriore agli anziani più poveri per i prossimi due anni. Dopodiché si vedrà. Le nuove misure prevedono che nel 2025 i 29.400 over ottanta con Isee sotto i 6000 euro (pari all'1,9 percento dei beneficiari dell'indennità di accompagnamento) e i 19.600 del 2026 (l'1,2 percento) riceveranno 850 euro in più al mese, vincolati al contratto di assunzione della persona badante. L'introduzione di un servizio domiciliare pubblico adeguato al grado di non autosufficienza è invece del tutto eliminata: 879.030 anziani continueranno a essere assistiti da un infermiere solo per quindici ore l'anno e altri 131.000 dai servizi sociali del Comune. Infine, anche la proposta di un sistema nazionale per la programmazione coordinata di tutte le misure pubbliche è modificata in una forma di coordinamento dei soli servizi comunali: ciò significa che gli interventi dell'Asl e dei Comuni continueranno a essere scollegati tra loro.

In definitiva, con i 2,72 miliardi di euro del Pnrr saranno assistiti a casa 806.970 anziani in più, ma secondo le vecchie modalità. Questo rischia di ridurre anche l'efficacia della nuova Valutazione nazionale unica: se lo sportello diventa unico ma bisogna comunque richiedere tre prestazioni non coordinate tra loro, il beneficio è ovviamente minore.

Se tiriamo le somme dando un'occhiata ai dati Eurostat, si vede che per noi i bisogni di questa parte della società non costituiscono per nulla una priorità: lo Stato italiano spende in media 270 euro l'anno per un non autosufficiente, contro una media europea di 584 euro.

L'impressione generale è che il governo abbia voluto intraprendere la strada più semplice e meno efficace, puntando su una misura-slogan valida per un paio d'anni, giusto per garantirsi un po' di consenso. Il risultato è che il sistema di Welfare pubblico risponde alle necessità di questa ampia fetta di popolazione accogliendo non più del 6 percento in strutture residenziali (Rsa) e il 21,5 percento con un'assistenza domiciliare da quindici ore l'anno. I rimanenti 2,8 milioni di persone anziane in condizioni di non autosufficienza non ricevono invece alcun servizio pubblico. E non sono tutti ricchi o benestanti.

Secondo il Rapporto Censis 2019, sono otto milioni i familiari che si prendono cura di persone non autosufficienti. Proprio per supplire alla mancanza di assistenza pubblica, già nel 1992 la legge 104 prevede che i parenti fino al terzo grado possano prendere tre giorni al mese di permesso retribuito per assistere la persona bisognosa assentandosi dal lavoro. Un provvedimento chiaramente insufficiente, che però si presta magnificamente a una lunga serie di abusi impossibili da controllare. E quando le famiglie non sono in grado di pagare di tasca propria una qualche forma di assistenza, gli anziani finiscono parcheggiati in ospedale, attraverso ricoveri impropri che inevitabilmente peggiorano le loro condizioni psicofisiche. Torna, insomma, la regola che in questo lungo racconto su come funziona oggi la sanità in Italia è sempre rispettata: o paghi o ti arrangi. Ma che futuro può avere una società costruita in modo da trasformare in business le disgrazie del prossimo!

Ringraziamenti

La stesura di questo libro è stata possibile grazie a una corposa lista di fonti a cui va tutta la nostra gratitudine. Per essersi fidate e averci consegnato documenti riservati fin qui rimasti chiusi nei cassetti. Per avere passato intere giornate con noi a esaminare migliaia di dati su fogli Excel in modo da capire in che direzione sta andando il sistema sanitario. Per avere ricostruito riunioni cruciali con verbali e video. Per la disponibilità a un confronto a ogni ora del giorno, inclusi i festivi. E per averci raccontato il dietro le quinte della vita in corsia, negli ambulatori e nelle scuole di specializzazione, che spiega il motivo per cui oggi, nel nostro Paese, la sanità è da «Codice rosso». Lo hanno fatto con lo spirito di fornire alla classe politica un quadro d'insieme, nella speranza che qualcosa cambi. In questo caso, però, la migliore forma di ringraziamento, al contrario di quello che abitualmente avviene, è quella di non fare i loro nomi, perché con ogni probabilità rischierebbero il posto di lavoro. Tutta la nostra riconoscenza va anche agli amici più fidati, per la disponibilità a ragionare con noi sulla comprensione di alcuni passaggi del racconto. Infine, grazie a Riccardo per il supporto costante e la prima rilettura, a Maurizio Donati per avere avuto l'idea, e a Sara Marchesi per averci aiutato (e sopportato) nell'editing.

I libri Fuoriscena

Roberto Saviano
Noi due ci apparteniamo

Sesso, amore, tradimenti. Hanno creato e distrutto imperi, compreso quello criminale. A quasi vent'anni dalla pubblicazione di *Gomorra*, il libro che ha sovvertito le regole del racconto di realtà, Roberto Saviano torna con un reportage narrativo lacerante, innervato di storia e resoconto giudiziario. Uomini dal cuore di tenebra, donne che non appaiono più come semplici gregarie del boss di turno ma si trasformano, di racconto in racconto, da vittime a carnefici, da portatrici di salvezza a diaboliche assassine.

Con lo stile che lo ha reso famoso in tutto il mondo, Roberto Saviano ci trascina in una narrazione torrenziale che sgorga impetuosa già dalla prima pagina: in una serata come tante, uno dei bravi ragazzi seduti al tavolo da poker, rimasto a corto di denaro, mette sul piatto una puntata sconvolgente che lascia gli altri esterrefatti. Di capitolo in capitolo, animano le pagine personaggi epici, tragici, ma sempre profondamente umani, fotografati per la prima volta in quella dimensione privata, sessuale, amorosa, spesso lontana dagli occhi ma sempre determinante, perché costruisce o distrugge alleanze, afferma linee di potere, stabilisce la rispettabilità del boss o ne condanna l'intera stirpe.

«In un placido agrumeto siciliano o in una Vela di Scampia, sulla fiorente costa laziale o in un prefabbricato alle porte di Milano, nel trambusto newyorkese, da nord a sud e da est a ovest, in ogni possibile angolo dell'universo criminale: non si scherza con l'amore, e non si scherza con il sesso. Molte delle persone di cui sto per raccontarvi l'hanno imparato a proprie spese.»

Francesca Albanese
con Christian Elia
J'Accuse
(Sei edizioni)

La verità prima di tutto è l'inizio del più famoso *J'Accuse* della storia moderna, quello di Émile Zola. La verità prima di tutto è anche il movente che ispira questo *J'Accuse*, che raccoglie la testimonianza della Relatrice speciale Onu sui territori palestinesi occupati da Israele dal 1967.

Questo libro non nasce come un instant book. Prima degli attacchi del 7 ottobre 2023 – in un momento in cui l'attenzione mediatica sulla situazione in Israele e nei territori palestinesi occupati era prossima allo zero – *J'Accuse* voleva essere anzitutto uno strumento per comunicare ai lettori l'urgenza di un tema che non poteva essere ignorato. Attraverso il prezioso lavoro svolto da Francesca Albanese e confluito in tre Rapporti internazionali – presentati rispettivamente nell'ottobre 2022, nel luglio e nell'ottobre 2023 – era possibile documentare in maniera incontestabile l'affermarsi di una condizione di apartheid e di un'occupazione neocoloniale con migliaia di vittime. Questo fatto doveva essere portato all'attenzione del grande pubblico.

Dopo il brutale e intollerabile attacco di Hamas, e dopo la guerra conseguente su Gaza, l'attenzione mediatica su Israele e Palestina è diventata massima, eppure resta impantanata in contrapposizioni fuorvianti (se critichi Israele stai con i terroristi; se porti l'attenzione sull'occupazione stai giustificando Hamas...), che impediscono la comprensione di una storia che non comincia il 7 ottobre. Il *J'Accuse* di Francesca Albanese non è l'intervento di parte di un'attivista ma è il contributo di una donna che svolge da anni un incarico di alto profilo istituzionale e che può aiutarci a vedere e a capire ciò che non vediamo.

Clara E. Mattei
L'economia è politica
(Tre edizioni)

Questo libro ribalta il racconto consueto dell'economia da cui siamo intossicati e rivela, ripercorrendo una lunga storia che dal fascismo arriva fino ai giorni nostri, quanta e che politica si nasconde dietro le scelte economiche.

Clara Mattei è una giovane economista italiana che da anni vive e lavora a New York, dove insegna alla prestigiosa New School for Social Research. Nel 2022 ha scritto un libro in lingua inglese (*The Capital Order*), inserito dal «Financial Times» tra le dieci pubblicazioni più influenti dell'anno a tema economico. La sua lettura recupera e rilancia con forza la lezione dei grandi classici, da Smith a Ricardo a Marx, attaccando in modo dirompente quella naturalizzazione dell'economia che ci porta a considerare quest'ultima come una scienza esatta, rigorosa, pura, definita da modelli matematici rispetto ai quali non possiamo fare nulla, solo adattarci. Non per niente ci hanno insegnato che il nostro sistema economico rappresenta il migliore dei mondi possibili, il modo più eccezionale di produrre ricchezza e benessere.

I tempi sono ormai maturi per smascherare le falsità insite in questa visione. Questo libro, accompagnato dai commenti di tre importanti economisti internazionali – Thomas Piketty, Branko Milanović e Adam Tooze – introduce una nuova prospettiva emancipatrice, capace di rivelare la trama nascosta dietro le questioni economiche centrali nella discussione pubblica: dall'austerità all'inflazione, dalla disoccupazione alla crescita, dalla concorrenza al debito al rapporto tra Stato e mercato, e moltissimo altro.

È illuminante leggere, con la precisione e l'incisività di cui l'autrice è capace, come il potere politico abbia costruito nel tempo un sistema profondamente antidemocratico, destinato scientemente ad arricchire pochi privilegiati, impoverendo per converso la maggioranza della popolazione e rendendo i cittadini sempre più sudditi.

La conoscenza è il primo passo per immaginare un mondo diverso, e per muoversi affinché esso diventi possibile.

Nino Di Matteo, Saverio Lodato
Il colpo di spugna
(Due edizioni)

Tutti assolti «per non aver commesso il fatto». Dopo la sentenza di Cassazione, il magistrato Nino Di Matteo, protagonista del processo sulla trattativa Stato-Mafia, prende la parola per ripercorrere e commentare – in questo libro-intervista con Saverio Lodato – uno dei più grandi argomenti tabù della storia italiana recente.

«Rivendico, adesso che la vicenda processuale si è conclusa, il mio diritto a parlare. Le sentenze si devono rispettare, ma si possono criticare.» Un verdetto, quello della Suprema Corte, per troppi versi lacunoso, secondo Di Matteo, che butta al vento l'impianto probatorio emerso in due gradi di giudizio, consacrato in circa diecimila pagine di motivazioni delle sentenze e in questo libro ampiamente ricordato. Un autentico vademecum sull'intera vicenda.

«Poche pagine pretendono di smontare la valenza probatoria di dati processuali emersi in anni e anni di lavoro» dice Di Matteo «con valorosi ed esperti giudici di merito che avevano accertato fatti molto gravi.» Alla fine, sembra verificarsi ciò che diceva Leonardo Sciascia: se lo Stato italiano volesse davvero sconfiggere la Mafia, dovrebbe suicidarsi.

Paolo Biondani
La ragazza di Gladio e altre storie nere
(Due edizioni)

Ha la forza di un romanzo storico e la trama avvincente di un giallo, ma descrive la realtà: questo libro racconta tutta la verità (dimostrata nei processi) sulle stragi nere che hanno insanguinato l'Italia dal 1969 al 1980 e sulla strategia di terrorismo mafioso che ha continuato a colpire dal 1984 al 1993.

«In queste pagine ci sono tutti (e solo) i fatti certi e incontestabili, comprovati dalle sentenze definitive, sulla bomba del 12 dicembre 1969 in Piazza Fontana, il massacro del 2 agosto 1980 alla stazione di Bologna, l'eccidio del 23 dicembre 1984 sul Rapido 904, la notte delle autobombe del 27 luglio 1993 e tutti gli altri attentati che per venticinque anni hanno condizionato la nostra storia, tra criminalità e terrorismo politico.

Al centro del racconto c'è la testimonianza straordinaria (riportata solo nelle parti già riscontrate) di una donna che ha vissuto dall'interno le trame nere e può offrirne uno spaccato unico: è come un filo d'Arianna, che ci guida nei labirinti dell'eversione svelando le reti di controllo e di collegamento fra tutti gli attentati. «La ragazza di Gladio» spiega la premessa «è una testimone importante nei processi sulla strage di Brescia, che sono ancora in corso. È una donna che custodisce molti segreti del terrorismo neofascista e, cinquant'anni dopo, ha ancora paura.»

Oggi hanno un nome almeno alcuni dei responsabili dell'eccidio del 28 maggio 1974, mezzo secolo fa, e di molti altri attentati. Non è vero che le stragi sono un mistero, e questo libro lo dimostra.

C'è una verità storica e giudiziaria che i cittadini, anche i più giovani, hanno diritto di conoscere. Una storia di terroristi neri, servizi deviati, depistaggi piduisti e bombe mafiose che è il grande segreto, o la cattiva coscienza, di una nazione senza memoria.

Claudio Gatti
Il quinto scenario. Atto secondo

Sono passati oltre quattro decenni dalla strage di Ustica e per la maggior parte degli italiani c'è un'unica certezza: il DC-9 dell'Itavia è stato il bersaglio di un attacco missilistico. Ma nella ricerca dei responsabili della strage si sono costruiti solo scenari privi di qualsiasi rapporto di conformità con la storia o la realtà geopolitica e militare, basati piuttosto su credenze ideologiche – «Sono stati gli americani» si è detto, perché gli americani sono ritenuti guerrafondai – ovvero su idiosincrasie personali – a lanciare la pista francese è stato l'ex presidente Francesco Cossiga, la cui figlia ha recentemente rivelato che «il babbo non era filo-francese, preferiva gli anglosassoni». A seguito della straordinaria mole di anomalie, insabbiamenti e menzogne di questa vicenda, si è vagato su terreni sconosciuti in cerca di qualcosa che non si capiva. Qual è stato il risultato? Nessuno scenario si è rivelato convincente, la magistratura non è riuscita a cavare un ragno dal buco e quello di Ustica è rimasto un «mistero».

Dopo aver a lungo seguito questa stessa strada, Claudio Gatti ha deciso di cambiare approccio: si è chiesto quante altre volte nella storia dell'aviazione un velivolo civile è stato bersaglio di un agguato aereo in tempo di pace, e come sono stati spiegati eventuali casi equivalenti verificatisi prima del 1980. Ha così appurato che tali casi si contano sulle dita di una mano e ne ha dedotto che, essendo un evento quasi privo di precedenti, doveva avere un movente straordinario, che non dava spazio a piani alternativi. Ma la scoperta più sbalorditiva è stata che ogni caso equivalente è risultato attribuibile a un unico Paese: Israele.

Cosa poteva scatenare un'azione di guerra su un'aerovia italiana? Agli occhi di chi lo governava ed era a capo delle sue forze militari, era in gioco la sopravvivenza stessa del Paese: ecco il movente più potente di tutti. Così è emersa la sola soluzione possibile al cosiddetto «mistero» di Ustica, l'unica conforme alla realtà storica, geopolitica e militare di quel momento.

Thomas Powers
La guerra di Heisenberg
(Due edizioni)

Nulla mancava alla Germania di Hitler per costruire una bomba atomica, e sarebbe stata la prima della storia. C'era il sostegno delle alte gerarchie naziste, c'era l'appoggio della casta militare, c'erano i laboratori e gli impianti industriali meglio attrezzati d'Europa e c'era infine un gruppo di scienziati guidati dal genio della meccanica quantistica Werner Heisenberg, premio Nobel per la Fisica nel 1932 che, pur ricevendo proposte dalle migliori università e dai più prestigiosi istituti di ricerca del mondo, si rifiutò di lasciare il suo Paese.

Perché allora non ci fu un'atomica nazista? Una risposta a questa domanda è ben nota: Heisenberg e gli altri scienziati tedeschi sbagliarono i calcoli e sostennero che il piano avrebbe richiesto troppi anni di studi, un'enorme quantità di uranio e sarebbe rimasto comunque di difficile realizzazione. Di fronte a questo scenario, i gerarchi nazisti avrebbero optato per altre strategie. Ma Heisenberg era stato sincero? Aveva davvero creduto che la bomba rappresentasse una possibilità tecnicamente irrealizzabile? Sono le domande che ispirano il lavoro investigativo di Thomas Powers, premio Pulitzer che ha dedicato anni di ricerca a seguire le pur labili tracce lasciate dallo scienziato tedesco, recuperando relazioni ufficiali e documenti segreti, ricostruendo conversazioni private con colleghi e amici, cercando di ricomporre la personalità, le idee morali e politiche di questo gigante della Fisica del Novecento, e smontando una fittissima trama di false accuse, fraintendimenti, reticenze.

Come e forse più ancora che nel caso di Oppenheimer, la storia segreta dell'atomica nazista s'interseca con le vicende personali di alcuni tra i più grandi scienziati del secolo scorso: oltre allo stesso Heisenberg e a Robert Oppenheimer, Niels Bohr, Victor Weisskopf, Enrico Fermi, Max Born e molti altri.

A rendere la vicenda ancor più intricata è la presenza, accanto agli scienziati e a volte a loro insaputa, dei servizi segreti, che svolsero opera di disinformazione, attivarono reti di spionaggio, progettarono missioni omicide. Con lo stile incalzante dello scrittore di spy stories e con il talento del giornalista investigativo, Thomas Powers affronta uno dei capitoli più oscuri e misteriosi del Novecento.

Atef Abu Saif
Diario di un genocidio

«L'ultima volta che ho visto mia suocera è stata la mattina in cui sono partito per il checkpoint di Rafah, per raggiungere l'Egitto. Mi ha sorriso, ha abbracciato mio figlio dicendogli: "Quando la guerra finirà, per favore, vieni a trovarmi". La guerra non è finita. E lei è morta. Dopo una vita trascorsa in tende e campi profughi, finalmente è entrata in una casa stabile. La casa di Dio.»

Questo libro è la cronaca limpida e feroce di una guerra senza fine, raccontata in presa diretta, dal primo giorno. È la testimonianza di una lotta per la sopravvivenza, nel corso di un viaggio dal nord della Striscia di Gaza fino al confine con l'Egitto. L'autore di queste pagine attraversa la sua terra mentre l'assedio e i bombardamenti israeliani si fanno sempre più intensi. Con lui ci sono il figlio quindicenne, Yasser, e la suocera settantenne, malata, che si muove su una sedia a rotelle («Ha sofferto molto durante l'esodo. I soldati gridavano, minacciando di sparare se ci fossimo fermati. Mio figlio spingeva la sedia a rotelle mentre io sostenevo il corpo fragile di mia suocera. Il terreno sconnesso la faceva sobbalzare in avanti, in più di un'occasione è caduta a terra. In altri momenti, bisognava portarla in braccio perché la strada era piena di fango, distrutta, cosparsa di corpi e intrisa di sangue.»)

Il 5 ottobre scorso, due giorni prima dell'attacco criminale di Hamas contro Israele, Atef Abu Saif lasciava Ramallah, in Cisgiordania, dove vive con la famiglia, per raggiungere Gaza.

Doveva essere un breve viaggio di lavoro e l'occasione per andare a trovare i famigliari, che vivevano lì. Invece rimarrà intrappolato nella guerra più devastante di cui abbia memoria.

Mentre ai giornalisti e ai fotografi di tutto il mondo è proibito entrare a Gaza e mentre i pochi che dall'interno provano a raccontarci ciò che accade rischiano la vita (quando questo libro va in stampa, sono 122 i giornalisti uccisi a Gaza), il *Diario di un genocidio* rappresenta un documento imprescindibile per onorare la verità dei fatti e per impedire che si dica: noi non sapevamo.

Questo libro è stampato fabbricato da Grafica Veneta S.p.A.
con un processo di stampa e rilegatura certificato 100% carbon neutral
in accordo con PAS 2060 BSI

Finito di stampare nel mese di settembre 2024
per conto di RCS MediaGroup S.p.A.
da Grafica Veneta S.p.A., Via Malcanton 2,
Trebaseleghe (PD)
Printed in Italy